Dança Mágica

Thinley Norbu

Dança Mágica

A exibição da natureza
intrínseca das cinco dakinis
de sabedoria

© 1981, 1985, 1998 by Thinley Norbu
Título original: Magic dance: the display
of the self-nature of the five wisdom dakinis

TRADUÇÃO: Eduardo Pinheiro de Souza
COORDENAÇÃO EDITORIAL: Vítor Barreto
REVISÃO: Ana Cristina Lopes, Bruna Polachini
PROJETO GRÁFICO, CAPA E DIAGRAMAÇÃO: Aline Paiva

1ª edição: 08/2020

Dados Internacionais de Catalogação na Publicação (CIP)

T443d   Thinley, Norbu.
   Dança mágica : a exibição da natureza intrínseca das cinco dakinis de sabedoria / Thinley Norbu ; [tradução: Eduardo Pinheiro de Souza]. – Teresópolis, RJ : Lúcida Letra, 2020.
   192 p. ; 21 cm.

   ISBN 978-65-86133-06-6

   1. Budismo - Doutrina. 2. Sabedoria budista. I. Souza, Eduardo Pinheiro de. II. Título.

CDU 294.3

Índice para catálogo sistemático:
1. Budismo : Doutrina   294.3
(Bibliotecária responsável: Sabrina Leal Araujo – CRB 8/10213)

*Prostro-me à minha própria
Mente de Sabedoria, a minha
melhor professora de sabedoria,
a fonte de todas as qualidades
visíveis e invisíveis.*

*Os seres sencientes estão sempre
no tempo e no espaço.*

*Quando os seres sencientes estão no
tempo, minha professora de sabedoria
dança magicamente no tempo.*

*Quando os seres sencientes
estão situados no espaço, minha
professora de sabedoria dança
magicamente situada no espaço.*

*Quando realmente examinada,
você não permanece jamais em
lugar algum. Você é mera exibição.*

*Ao que nunca permanece,
a você, minha melhor professora
de sabedoria, eu me prostro.*

Sumário

Dedicação, 11

Introdução, 19

Fenômenos Pessoais e Gerais, 31

Os Dois Extremos e Além dos Dois Extremos, 43

Linhagem, 55

Hábito, Sonho e Tempo, 63

Mente Brincalhona, 75

A magia e o mistério, 83

Cura, 97

Energia e Poder, 111

Respeito, 119

Tradição, 129

Arte, 139

Isolamento, 149

Prática de Meditação, 157

Posfácio, 185

Dedicação

Este livro não foi escrito de acordo com uma tradição específica. Incontáveis tradições de escrita baseadas em infindáveis concepções dualistas comuns, em sublime inteligência compassiva e na sabedoria não dual, estão por toda parte, portanto os leitores podem escolher a tradição que desejarem.

Algumas pessoas gostam de colher flores e colocá-las num belo vaso ao altar, como oferenda aos deuses. Outras gostam de colher flores e colocá-las num belo vaso para decorar a casa. Outras preferem costurá-las em uma guirlanda para usar ao redor do pescoço, enquanto outras gostam de costurá-las numa coroa para usar sobre a cabeça. Finalmente, algumas pessoas preferem não colher flores, deixando, ao invés disso, que elas floresçam naturalmente num campo aberto, à luz do sol.

Não importa qual tradição escolhemos, ela sempre vem dos cinco elementos, retorna aos cinco elementos e permanece nos cinco elementos. Escrevi este livro a fim de estabelecer de forma simples e natural a base, o caminho e o resultado da tradição, que são os próprios elementos.

Comecei este livro nas salas de prática de samadi de meus amigos em Nova York, a mais louca e vibrante cidade do mundo, que se manifesta como uma esplêndida montanha rodopiante. Terminei este livro na sala de prática de samadi de meus amigos em Paris, a mais elegante cidade-paraíso do mundo, que se manifesta como uma bela mandala de fantasia. Nessas duas cidades, meus amigos leais demonstraram generosidade, integridade e nobreza.

O Buda Shakyamuni disse: "Todos os fenômenos surgem de circunstâncias. Como as boas circunstâncias podem surgir da boa intenção, tudo aquilo por que rezamos se manifestará." Então possam todos os seres sencientes, especialmente aqueles que me ajudaram com este livro, aprender a usar a essência pura e secreta da energia dos elementos para atingir a iluminação.

> Cinco Irmãs de Sabedoria,
> Se não as complementamos,
> Vocês se tornam cinco bruxas,
> Deixando-nos doentes e nos causando
>   sofrimento.
> Como não as podemos banir,
> Nosso destino sempre depende de vocês.

> Cinco Irmãs de Sabedoria,
> Se as complementamos,
> Vocês se tornam cinco anjos,
> Deixando-nos saudáveis e nos fazendo felizes.
> Como não podemos nos separar de vocês,
> Nosso destino sempre depende de vocês.

Thinley Norbu

Cinco Irmãs de Sabedoria,
Nada pode ser feito sem que se dependa
   de seu humor.
Fazendeiros não podem cultivar seus campos,
Políticos não podem governar seus países,
Engenheiros não podem operar suas máquinas,
Médicos não podem curar seus pacientes,
Cientistas não podem fazer suas pesquisas,
Filósofos não podem expor sua lógica,
Artistas não podem criar sua arte,
Sem depender de seu humor.

Cinco Irmãs de Sabedoria,
Nada pode ser conhecido sem que se dependa
   de sua graça.
Lamas tibetanos não podem cantar com
   o hábito das terras altas e frias,
Gurus indianos não podem cantar com
   o hábito das terras baixas e quentes,
Roshis japoneses não podem sentar com
   o hábito de almofadas escuras,
Xeques muçulmanos não podem dançar
   com o hábito de seus trajes brilhantes,
Sacerdotes cristãos não podem pregar
   com o hábito de sua voz exaltada,
Rabinos judeus não podem pregar com
   o hábito de sua voz suave,
Sem depender de sua graça.

Cinco Irmãs de Sabedoria,
Nem mesmo os mais misteriosos milagres
   podem acontecer
sem que sua pureza seja complementada.

Dedicação

Buda Shakyamuni não pode repousar
    com o olhar
sereno de seus olhos de lótus sob a árvore Bodhi,
Guru Padmasambhava não pode magicamente
    brincar com
incontáveis dakinis andarilhas do céu,
O Senhor Jesus não pode caminhar sem
    peso sobre a água,
O profeta Moisés não pode ver a sarça ardente,
O brâmane Sarahapa não pode aprumar
    suas flechas, cantando hinos de sabedoria
    com sua garota flecheira,
O santo louco Tilopa não pode comer peixes
    e torturar Naropa,
O maior iogue de todos, Milarepa, não pode
    ficar em sua caverna,
cantando e aceitando bem as tribulações,
Sem complementar sua pureza.

Você é tão paciente.
Aqueles que querem ficar,
se você não existe,
não podem ficar.
Aqueles que querem ir,
se você não existe,
não podem ir.
Aqueles que querem provar ou tocar,
se você não existe,
não podem provar ou tocar.
Quaisquer que sejam nossas ações,
você sempre nos dá suporte
pacientemente sem reclamar.
Mas nós, seres ignorantes,

Thinley Norbu

sempre ingratos,
pisamos em você,
e a chamamos de Terra.

Você é tão constante.
Aqueles que querem se purificar,
se você não existe,
não podem se purificar.
Aqueles que querem saciar a sede,
se você não existe,
não podem saciar a sede.
Aqueles que querem ouvir,
se você não existe,
não podem ouvir.
Quaisquer que sejam nossas ações,
você está sempre fluindo
incessantemente sem reclamar.
Mas nós, seres cheios de desejo,
somos sempre ingratos,
esguichamos você,
e a chamamos de Água.

Você é tão nítida.
Aqueles que querem lutar,
se você não existe,
não podem lutar.
Aqueles que querem amar,
se você não existe,
não podem amar.
Aqueles que querem ver,
se você não existe,
não podem ver.
Quaisquer que sejam nossas ações,

você está sempre brilhando
de forma desobscurecida sem reclamar.
Mas nós, seres orgulhosos,
somos sempre ingratos,
abafamos você,
e a chamamos de Fogo.

Você é tão leve.
Aqueles que querem subir,
se você não existe,
não podem subir.
Aqueles que querem se mover,
se você não existe,
não podem se mover.
Aqueles que querem cheirar,
se você não existe,
não podem cheirar.
Quaisquer que sejam nossas ações,
você está sempre se movendo
sem peso, sem reclamar.
Mas nós, seres invejosos,
somos sempre ingratos
abanamos você,
e a chamamos de Ar.

Você é tão vasta.
Aqueles que querem existir,
se você não existe,
não podem existir.
Aqueles que não querem existir,
se você não existe,
não podem deixar de existir.
Aqueles que querem conhecer os fenômenos,

Thinley Norbu

se você não existe,
não podem conhecer os fenômenos.
Quaisquer que sejam nossas ações,
você é sempre acolhedora
espaçosamente, sem reclamar.
Mas nós, seres invejosos,
somos sempre ingratos
esvaziamos você,
e a chamamos de Espaço.

Vocês são nossas escravas pouco exigentes,
Servindo-nos incansavelmente,
sejamos seres comuns ou sublimes,
a fim de realizar nossos desejos mundanos.

Vocês são nossas rainhas poderosas,
conquistando-nos sedutoramente,
sejamos seres comuns ou sublimes,
às qualidades desejáveis.

Vocês são nossas Dakinis de Sabedoria,
Guiando-nos sem esforço com sua dança mágica,
sejamos seres comuns ou seres sublimes,
às qualidades sem desejo.

E, assim, gostaria de apresentá-las a todos.

Introdução

> *Se uma só gota do néctar de seu nome*
> *entrar em nossos ouvidos, ela os preencherá*
> *com o som do Darma por muitas vidas.*
> *Maravilhosas Três Joias, famosas*
> *por sua glória, possam vocês sempre*
> *conceder o que é auspicioso.*
>
> — Patrul Rinpoche

Todas as esferas limitadas ou ilimitadas da existência que surgem, grosseiras ou sutis, felizes ou infelizes, comuns ou sublimes, dependem dos cinco elementos, a base de todos os fenômenos puros e impuros. Por todo o samsara e todo o nirvana, dos átomos aos insetos, passando por seres humanos, objetos e máquinas, tudo é feito dos cinco elementos.

Todos os incontáveis elementos dos fenômenos comumente visíveis são a exibição da Mente de Sabedoria intrinsecamente secreta, sem divisões e desobstruída. A natureza da Mente de Sabedoria semelhante a um espelho é que tudo surge com infinito potencial, obstruído e desobstruído.

Quando não reconhecemos a natureza pura da manifestação da exibição da sabedoria, nos agarramos à inapreensível reflexão que surge intrinsecamente da mente desobstruída, obscurecendo suas inseparáveis vacuidade e luminosidade, e separando os elementos indivisíveis dos fenômenos em sujeito e objeto. Tão logo exista divisão, existem impureza e obstrução.

Com essa divisão, o "eu" se torna o sujeito, e o que esse "eu" percebe se torna o objeto, singular ou plural, inerte ou vivo, inanimado ou animado. Com essa divisão há um constante vai e vem entre sujeito e objeto, que é o começo da direção e do tempo, entre circunstâncias raiz e circunstâncias contribuintes, entre o aceitar e o rejeitar dos fenômenos agradáveis e desagradáveis, entre boas e más intenções, e entre dúvida e esperança. Chamamos essa mente dividida de mente dualista, a causa do carma bom e do ruim.

Quando reconhecemos a natureza pura da manifestação da exibição de sabedoria intrinsecamente secreta e invisível, nos tornamos conscientes da essência pura e secreta dos elementos. Com esse reconhecimento, não há sujeito ou objeto, início ou fim, direção ou tempo, circunstâncias raiz ou circunstâncias contribuintes e, portanto, não há carma. Com esse reconhecimento, verdade absoluta e verdade relativa se tornam o espaço da consciência inseparável, não dualista e prístino. Nesse espaço, os fenômenos surgem livremente, e essa exibição da Mente de Sabedoria não é o nada. A mente iluminada dança de maneira desobstruída com os fenômenos, ainda que tenha o potencial de obstruir os fenômenos quando quiser, como alguém que escolhe entre comer e não comer.

A mente iluminada reflete todas as cinco sabedorias com equanimidade. Mas, devido à ignorância, ao longo de incontáveis vidas, criamos concepções e hábitos cármicos que obscurecem a qualidade de espelho vívida e desobstruída de nossa Mente de Sabedoria. Devido à nossa mente comum e obscurecida, nosso ego produz categorias a partir da equanimidade. Com o ego e as categorias vem a substância, com o nascimento da substância vem sua morte, e com a morte vem o sofrimento. Nosso corpo cármico, inerte e sem frescor, e todas as outras substâncias são os elementos grosseiros que resultaram de nossa incapacidade, em vidas anteriores, de reconhecer a essência secreta invisível em toda substância. Estamos perdidos e sofrendo devido a essa ignorância interna e ao estado sem frescor das coisas externas. Mas, mesmo que não possamos reconhecer imediatamente nossa essência secreta invisível, não é necessário imaginar que ela esteja muito longe. Nossa essência secreta está sempre presente nos elementos grosseiros e sutis.

Em geral, sempre acreditamos que a delusão é compreendida por uma Mente de Sabedoria que não é deludida, mas na verdade a delusão é compreendida pela mente deludida comum. A Mente de Sabedoria Sem Delusão não tem nenhuma concepção deludida, porque ela não tem sujeito ou objeto deludidos. Do ponto de vista relativo da mente comum, a Mente de Sabedoria sem divisões parece estar dividida em elementos internos e externos que manifestam desde sensações sutis e discriminadoras até formas cada vez mais grosseiras e distintas, aparecendo internamente como carne, sangue, calor, respiração e consciência, e externamente como terra, água, fogo, ar e espaço.

As manifestações externas e internas dos elementos externos e internos estão ligadas umas às outras por nossas atividades. A forma externa substancial do elemento terra e a forma interna substancial da carne estão ligadas pela alimentação. A forma externa do elemento água e a forma interna líquida do sangue estão ligadas pela ingestão de líquidos. O sol externo do elemento fogo e o calor interno do corpo estão ligados pela absorção. O vento externo do elemento ar e o vento interno da inspiração estão ligadas pela respiração. O céu externo do elemento espaço e o céu interno da mente estão ligados pela vastidão. Todos os cinco elementos são interdependentes e intrínsecos a cada um dos outros elementos, o que permite que eles se interconectem e criem a infinita exibição dos fenômenos.

Os fenômenos originalmente surgem como perceptíveis para a mente comum a partir do elemento sutil do ar, que é proveniente do elemento espaço, ainda mais sutil. Como são leves e invisíveis, eles se complementam, e quando o mais perceptível elemento sutil do ar é atraído pela concepção do elemento mais sutil do espaço da mente comum por meio do carma, eles interagem e se movem juntos inseparavelmente. Essa atividade automaticamente gera um calor sutil, que é a essência do elemento fogo sutil. Quando o mais perceptível e substancial elemento fogo é atraído pelo elemento sutil do ar por meio do carma, eles interagem e se movem juntos inseparavelmente. Essa atividade gera o elemento menos sutil da água. Quando o mais perceptível e substancial elemento sutil da água é atraído pelo elemento sutil do fogo por meio do carma, eles interagem e se movem juntos inseparavelmente. Essa atividade gera o mais perceptível e substancial elemento terra.

Quando os seres morrem, esse processo acontece na direção inversa. Quando a forma substancial do elemento terra se dissolve no elemento água, o corpo se torna pálido e inerte. Quando a umidade do elemento da água se dissolve no elemento fogo, o corpo se torna seco. Quando o calor do elemento fogo se dissolve no elemento ar, o corpo se torna frio. Quando a expiração do elemento ar se dissolve no elemento espaço, a mente se torna inconsciente, e isso é chamado de morte.

Se temos um ponto de vista niilista e acreditamos que nascemos como resultado do acaso ou por coincidência, pensamos que os fenômenos terminam com a morte ou quando as circunstâncias mudam, então não há base para falar de novos fenômenos. Se temos um ponto de vista eternalista e acreditamos num criador invisível, pensamos que nos uniremos a ele no momento da morte, e então falamos com otimismo em ir para o céu.

Do ponto de vista budista é um erro pensar, como os niilistas, que no momento da morte os elementos sutis se dissipam junto com os grosseiros. De acordo com o budismo, quando os elementos grosseiros se esgotam e seus poderes diminuem, eles se dissolvem uns nos outros, ficando cada vez mais sutis, e mais tarde novamente se farão evidentes e reaparecerão como elementos internos e externos nos vários reinos de renascimento dependendo do carma. Continuaremos a girar nesse ciclo infindável de nascimento e morte, até que percebamos, como o Senhor Buda, a essência mais leve, mais pura e secreta da iluminação.

Onde quer que os elementos externos e internos compostos de substância impura existam, a essência pura e secreta é inerente e tudo permeia. Podemos achar qualidades tanto puras quanto impuras em todos os elementos grosseiros e sutis. As qualidades impuras estão mais próximas da aparência de substância dos elementos. As puras, mais próximas de sua fonte insubstancial. O amarelo puro e luminoso é a cor essencial da terra. O branco puro e luminoso é a cor essencial da água. O vermelho puro e luminoso é a cor essencial do fogo. O verde puro e luminoso é a cor essencial do ar. O azul puro e luminoso é a cor essencial do espaço.

A fonte insubstancial das cinco cores luminosas manifestas é a energia secreta insubstancial das cinco Consortes de Sabedoria dos cinco Budas de Sabedoria. Buda-Lochana é a Consorte de Sabedoria que simboliza o elemento terra. Mamaki é a Consorte de Sabedoria que simboliza o elemento água. Damdara-Vasini é a Consorte de Sabedoria que simboliza o elemento fogo. Samaya Tara é a Consorte de Sabedoria que simboliza o elemento ar. Dhatvisvari é a Consorte de Sabedoria que simboliza o elemento espaço.

Embora todos os seres se originem do potencial de sabedoria dos elementos, as diferentes qualidades obscurecidas são causadas pelos efeitos de interconexões cármicas. Por exemplo, por meio do sentido da sensação, as minhocas são atraídas pela terra, porque em vidas passadas cultivaram predominantemente o hábito de fenômenos da terra. Por meio do sentido do tato, os peixes são atraídos pela água, porque em vidas passadas cultivaram predominantemente o hábito de fenômenos da água. Por meio de sua visão aguçada, os abutres são atraídos pela luz, porque em vidas passadas cultivaram predominantemente o hábito de fenômenos do fogo. Por meio de seu olfato aguçado, os cachorros são atraídos pelo ar, porque em vidas passadas cultivaram predominantemente o hábito de fenômenos do ar. Por meio de sua consciência, alguns praticantes são atraídos pela ausência de substância, porque em vidas passadas cultivaram predominantemente o hábito de fenômenos do espaço de reconhecer todos os fenômenos como uma manifestação mágica insubstancial.

Se nos agarramos à substância com apego, isso se dá porque nossas mentes deludidas de elementos grosseiros criam os cinco sentidos comuns e seus objetos sensoriais. Porque não reconhecemos nunca que nossos sentidos e seus objetos são a manifestação ilusória de nossos elementos grosseiros obstruídos, tentamos rejeitar os objetos desagradáveis e aceitar os objetos agradáveis. Porém, devido a isso, o positivo se torna negativo e o sofrimento segue.

Devido a seu apego à visão, a mariposa é atraída pela bela luz do fogo e morre em suas chamas. Devido a seu apego ao som, o cervo pausa para ouvir o belo assovio do caçador e morre com sua flechada. Devido a seu apego ao cheiro, o louva-deus macho é atraído pela fêmea e morre pelo instinto devorador de sua parceira. Devido a seu apego ao paladar, o peixe é atraído pela isca deliciosa e morre no anzol do pescador. Devido a seu apego ao tato, o elefante é atraído pelo o calor do pântano e morre no atoleiro.

A preponderância dos potenciais cármicos dos diversos elementos causa a preponderância das paixões correspondentes. Por exemplo, seres humanos comuns inclinados predominantemente para o elemento terra em vidas passadas têm um temperamento terreno ligado à paixão da ignorância, cujas características são peso, solidez e imobilidade. Aqueles inclinados predominantemente para o elemento água têm um temperamento fluído ligado à paixão do desejo, cujas características são a constante busca por algo e a constante mudança. Aqueles inclinados predominantemente para o elemento fogo têm um temperamento explosivo ligado à paixão da raiva, cuja característica é a violência ardente, ou têm um temperamento morno ligado à paixão do orgulho, cuja característica é a parcialidade não receptiva. Aqueles inclinados predominantemente para o elemento ar têm um temperamento aéreo ligado à paixão da inveja, cuja característica é a rejeição por meio da fixação e da apropriação. E aqueles inclinados predominantemente para o elemento espaço têm um temperamento sem foco ligado à paixão da ignorância, cuja característica é o torpor, que é básico, ubíquo e intocável.

Essas cinco paixões estão contidas nas três paixões do desejo, raiva e ignorância, que, para as pessoas comuns, são a fonte do sofrimento. O desejo cria o amor por meio do apego a circunstâncias prazerosas; o amor cria a raiva por meio do controle via fixação. A base de ambos é a ignorância, que cria apenas escuridão ao confundir o amor com a raiva por meio da fixação.

> Posso entender porque o Senhor Buda abandonou seu reino cheio de joias.
> Posso entender porque o Senhor Buda abdicou de suas vestes de brocado.
> Posso entender porque o Senhor Buda se vestiu com farrapos de algodão.
> Ele o fez para guiar os seres comuns para além das três paixões que nascem do ego, a fonte de todo sofrimento.

Thinley Norbu

Ele o fez para atingir a iluminação, que é um estado sem ego além do sofrimento.

Pessoas de bom carma que desejam atingir a iluminação podem usar suas qualidades sutis naturalmente e aumentar sua pureza inerente até não precisar mais depender de substâncias grosseiras e carma. Ao reconhecer os elementos sutis inerentes aos elementos grosseiros, nos tornamos capazes de agir com meios hábeis. Por exemplo, quando as pessoas sorriem, os cantos levantados da boca expressam, por meio de seus elementos externos, a positividade mais sutil da felicidade interior. Quando as pessoas encaram as outras, suas testas enrugadas expressam, por meio de seus elementos grosseiros, a turbulência interior ou a negatividade mais sutil da raiva. Algumas vezes os elementos sutis do sorriso não são positivos. Embora os cantos da boca se ergam, mantendo os elementos grosseiros direcionados para cima, o elemento sutil por trás do sorriso é negativo, como a armadilha do pescador, que seduz o peixe com uma isca deliciosa apenas para matá-lo. Algumas vezes os elementos sutis da atitude de encarar alguém não são negativos. Atrás de alguns espinhos crescem belas e suaves flores. Então precisamos ser inteligentes para discernir a qualidade do que é invisível e, assim, atingir confiança com relação a utilização dos elementos sutis positivos e negativos.

O que é visível para um ser sublime é invisível para uma pessoa comum, da mesma forma que o que é visível para algumas pessoas comuns inteligentes é invisível para pessoas comuns obtusas. As pessoas inteligentes podem, por meio da dedução, prever o futuro, enquanto o futuro é totalmente obscuro para as pessoas comuns obtusas. Da mesma forma, porque o Darma é invisível para algumas pessoas, muitas delas acabam concluindo que se trata de superstição. Elas não reconhecem que só serão capazes de perpassar os elementos grosseiros e de se comunicar com os elementos sutis ao confiar na essência pura dos elementos. Dotados dessa confiança, os seres superiores nunca exaurem sua energia natural secreta bem como sua confiança feita de sabedoria. Quanto mais se utilizam do espaço, que contém inerentemente todos os outros elementos, mais seus elementos grosseiros se tornam sutis e leves. E, enfim, quando não mais acreditam em encontrar quaisquer qualidades na substância grosseira, diz-se que estão iluminados.

Bons praticantes podem purificar seus elementos terra grosseiros internos e externos. Quando eles o fazem, os elementos terra internos dos canais grosseiros dos nervos e das veias se tornam cada vez mais leves e puros, e à medida que se tornam insubstanciais, indestrutíveis e luminosos, a distinção entre os conceitos de elemento terra interno e externo diminui, até que eles se purifiquem na mesma essência de luz sem substância. Padmasambhava atingiu esse estado. Por possuir uma natureza vajra indestrutível e não poder ser penetrado por nenhuma circunstância, de acordo com o sistema vajrayana, a isso se chama Corpo da Sabedoria Vajra.

Bons praticantes podem purificar seus elementos ar grosseiros internos e externos. Quando eles o fazem, os elementos ar internos se tornam cada vez mais leves e puros, até se tornarem desobstruídos e claros. A distinção entre os conceitos de elemento ar externo e interno diminui, até que eles se purifiquem no mesmo som encantador. Alguns grandes santos da antiguidade atingiram esse estado. A clareza pura de seu som não foi danificada pelos estalos e ruídos das vibrações dos elementos grosseiros, e nada pôde obstruir sua entoação, que permeava tudo. A isso se chama Canção da Sabedoria Vajra.

Bons praticantes podem diminuir o dualismo entre sua substância mental do sujeito interno e sua substância fenomênica dos objetos externos. Quando eles o fazem, os elementos sutis se tornam cada vez mais vastos, cada vez mais infinitos e, à medida que se tornam ilimitados e profundos, a distinção entre a concepção dualista de elementos espaço externo e interno diminui, até que eles se purifiquem na mesma expansão infinita. E então tudo é sem início ou fim. Isso é Samantabhadra, cujo coração de sabedoria é a fonte de conhecimento incomensurável e ilimitado, não conquistado e não confundido pela ilusão do dualismo. A isso se chama Coração da Sabedoria Vajra.

De acordo com o sistema mahasandhi, Samantabhadra reside além das características de elementos puros ou impuros. As características de Samantabhadra são naturalmente secretas, portanto nem mesmo uma pessoa sublime as reconhece. Porém, à medida que os seres sublimes purificam seus elementos grosseiros, surgidos da mente obscurecida, eles podem reconhecer em si a essência secreta autoautocriada como a mandala visível das qualidades de sabedoria. Quanto mais os elementos grosseiros dos seres sublimes são purificados com o reconhecimento de sua própria essência secreta pura, mais eles podem reconhecer que não há contradição entre os elementos, e mais perto chegam de se verem unidos com sua própria essência secreta pura, que é igual, desde o princípio, a Samantabhadra. Finalmente, quando esses seres não possuem mais nenhum elemento grosseiro, a união com sua essência pura e secreta é perfeita, e eles se tornam Samantabhadra.

E é por isso que Samantabhadra canta:

> Ó Darma maravilhoso, a magnífica essência
>   secreta de todos os budas perfeitos,
> Todos nascidos do não nascido, e no nascer
>   não há mais nascimento.
> Ó Darma maravilhoso, a magnífica essência
>   secreta de todos os budas perfeitos,
> Todos cessando a partir do não cessar,
>   e no cessar não há mais cessação.
> Ó Darma maravilhoso, a magnífica essência
>   secreta de todos os budas perfeitos,
> Todos existindo a partir da não existência,
>   e no existir não mais há existência.
> Ó Darma maravilhoso, a magnífica essência
>   secreta de todos os budas perfeitos,
> Todos indo e vindo a partir do não ir e vir,
>   e no ir e vir não há mais ir e vir.

Thinley Norbu

Fenômenos pessoais e gerais

As coisas não são o que parecem ser nem são qualquer outra coisa.

— Senhor Buda, Sutra Lankavatara

Na verdade relativa, sempre há circulação e reflexão entre interno e externo, sutil e grosseiro, sujeito e objeto, e fenômenos pessoais e gerais. Se não somos capazes de distinguir entre os fenômenos pessoais e gerais, ficamos confusos, e não somos capazes de efetuar uma conexão significativa entre o sujeito e o objeto.

Um exemplo de fenômenos pessoais são os fenômenos do sonho que surgem dos hábitos da vida durante o dia. No sonho podemos ver uma casa. Porque essa casa só é visível para nós, ela é um fenômeno pessoal nosso. Então podemos construir a casa de fato, o que a torna visível para todos que a veem. Isso é o fenômeno geral.

Os fenômenos gerais são os hábitos geralmente visíveis ou objetivos de grupos de pessoas ou sociedades que são compartilhados de forma coletiva. As diversas expressões dos fenômenos pessoais confluem para criar os fenômenos gerais, que, por sua vez, deixam resíduo na forma de ainda mais fenômenos pessoais. Por exemplo, um estilista pode apresentar uma nova moda a partir de seu fenômeno pessoal. Essa moda então pode se tornar um fenômeno de grupo que inspira outro estilista, que talvez também crie uma nova moda derivativa.

Confiamos nos fenômenos gerais com base em elementos grosseiros complementares e lógica convencionais. Por exemplo, quando conhecemos apenas o açúcar branco e nunca vimos açúcar mascavo, temos fenômenos de açúcar branco, e toda vez que pensamos em açúcar automaticamente pensamos no branco. Não precisamos nem mesmo da palavra *branco* porque ela já foi presumida, e geralmente é o caso. Por outro lado, se em algum lugar as pessoas só conhecem o açúcar mascavo, elas nem sequer precisam da palavra *mascavo*, porque quando pensam em açúcar, imediatamente pensam no mascavo. Aqueles que têm os dois hábitos, de açúcar branco e de mascavo, pensam "qual açúcar, branco ou mascavo?"

A menos que a nossa mente dualista esteja no torpor da mente inconsciente, ou até que ela se torne a Mente de Sabedoria iluminada e não dualista, sempre haverá fenômenos obstruídos. Onde quer que os fenômenos estejam obstruídos, sempre há concepções verdadeiras e falsas; a verdade de um é a falsidade de outro, e a falsidade de outro é a verdade de um. De acordo com a mente dualista, a verdade existe temporariamente como concepções verdadeiras ou falsas dependendo de sua relação com intenção e circunstâncias. É por isso que a chamamos de verdade relativa.

No sistema da verdade relativa há duas divisões: verdade relativa propriamente dita e verdade relativa invertida. Essas duas divisões não são categorias absolutas, mas sim relativas uma à outra, e dependem de ponto de vista. Por exemplo, para um tigre macho, uma tigresa é atraente. Para nós, uma tigresa é só assustadora, e a paixão do tigre é verdade relativa invertida.

De acordo com a mente comum, a verdade relativa propriamente dita é aquela que pode ser percebida pelos sentidos e que funciona. Nesse sistema, a verdade relativa invertida é um símbolo da verdade relativa propriamente dita, como uma pintura da lua ou seu reflexo na água, e que não funciona, porque divide os elementos invisíveis interiores dos exteriores e visíveis.

De acordo com a mente sublime, tanto a verdade relativa propriamente dita quanto a verdade relativa invertida da mente comum são verdade relativa invertida. Para a mente sublime, a verdade absoluta está além dos conceitos de interno e externo, e, portanto, as duas verdades da mente comum são ilusões criadas pela mente deludida, em que não se pode confiar para atingir a iluminação.

A verdade relativa invertida dos fenômenos pessoais pode ser nossa verdade relativa propriamente dita para os fenômenos gerais. Por exemplo, um mágico sabe que sua mágica não é verdadeira, mas ele cria truques mágicos que sua audiência ingênua toma como sendo verdadeiros. A verdade relativa invertida dos fenômenos gerais pode ser a verdade relativa propriamente dita para os fenômenos pessoais. Por exemplo, as motivações de Hitler eram uma verdade relativa invertida lunática para muitas nações, mas para ele eram uma inteligente verdade relativa propriamente dita. Por fim, suas ações foram uma verdade relativa propriamente dita para todos.

Os seres comuns pensam que qualidades desejáveis são úteis. Isso é a sua verdade relativa propriamente dita. Os praticantes do hinayana pensam que essas mesmas qualidades são inúteis, a causa do sofrimento, e não têm benefício para o fim de alcançar a iluminação. Para eles a verdade relativa propriamente dita dos seres comuns é uma verdade relativa invertida. Os praticantes do hinayana pensam que as qualidades desejáveis são reais, dessa forma, a fim de atingir a iluminação, tentam abandoná-las com o uso da aversão. Essa é a sua verdade relativa propriamente dita. Os praticantes do mahayana acham que, para aqueles que veem os fenômenos como ilusórios, não há causa para apego ou aversão, o que é benéfico para o fim de alcançar a iluminação. Para eles a verdade relativa propriamente dita do hinayana é uma verdade relativa invertida. Os praticantes do mahayana acham que todas as qualidades, sejam elas desejáveis ou indesejáveis, são ilusórias. Essa é a sua verdade relativa propriamente dita. Os praticantes do vajrayana interno acham que ver todas as qualidades como fenômenos puros das deidades é um benefício para o fim de alcançar a iluminação. Para eles, a verdade relativa propriamente dita do mahayana é uma verdade relativa invertida. Os praticantes do vajrayana interno consideram que tudo que surge é exibição da sabedoria. Essa é a sua verdade relativa propriamente dita.

De acordo com a verdade relativa propriamente dita de alguns cientistas niilistas modernos, todos os fenômenos são criados ao acaso ou por acidente. Mas de acordo com a verdade relativa propriamente dita do budismo, a intenção individual cria todos os fenômenos pessoais e gerais, e o acaso ou acidente é definido como a manifestação impura do carma anterior. O carma dos fenômenos pessoais produz um efeito do mesmo modo que uma semente plantada em condições desfavoráveis ou favoráveis. A circunstância raiz – a semente – tem dormente em si a receptividade para as circunstâncias contribuintes dos elementos terra, água, fogo, ar e espaço adequados. Se todos eles não coincidem ou um está faltando, a semente cresce com defeitos. Se eles ocorrem em conjunto na hora e lugar favoráveis, a semente cresce como uma planta saudável. Do mesmo modo, se nosso carma não é bom, nossa circunstância raiz, a mente, é atraída para circunstâncias contribuintes que não são conducentes a um renascimento favorável, e renascemos com os obscurecimentos resultantes. Se nosso carma é bom, nossa circunstância raiz, a mente, é atraída para outras circunstâncias contribuintes dos pais cujos genes, qualidades ou situação no tempo e lugar são conducentes a um renascimento favorável.

O carma dos fenômenos pessoais também se conecta com circunstâncias contribuintes constituídas por fenômenos grupais gerais ruins e bons, como inanição e genocídio em massa ou prosperidade e paz nacionais. Os fenômenos pessoais de pessoas que não acreditam no carma muitas vezes atraem fenômenos grupais gerais ruins, porque são baseados na crença no poder do ego dos elementos grosseiros. Essas pessoas acreditam que os fenômenos podem ser encerrados através dos meios dos elementos grosseiros e não acreditam no poder da mente de reaparecer em novas formas visíveis e invisíveis. Assim, elas não têm medo de criar fenômenos negativos com seus elementos grosseiros com a finalidade de atingir suas intenções impuras, provenientes da energia dos elementos cármicos de muitas vidas passadas.

Se são líderes políticos, elas atraem fenômenos grupais gerais ruins por meio de assassinato ou genocídio, tentando limpar o país de pessoas que consideram inferiores. Por outro lado, líderes políticos que entendem a natureza do carma sabem que a mente não morre nunca e que os inimigos de um país ou fenômenos negativos não podem ser eliminados por meio de elementos grosseiros, tais como o assassinato ou do genocídio. Gandhi era um líder desse tipo. Ele entendia que os fenômenos positivos deveriam ser criados pela intenção, e por meio dos fenômenos pessoais de sua mente pacífica ele tentou criar fenômenos gerais pacíficos.

Independentemente de nossas tendências políticas, sofremos num vai e vem entre os fenômenos gerais e os pessoais. Às vezes, por meio de um acordo com os fenômenos gerais, nos libertamos e nos revoltamos contra os fenômenos pessoais de um ditador mau. Então elegemos um novo líder, que cria novos fenômenos gerais por meio de seus fenômenos pessoais, que com o tempo vamos querer mudar novamente. Sejam nossos fenômenos bons ou ruins, o fenômeno geral do samsara é estar sempre circulando.

Os fenômenos gerais impermanentes sempre mudam ou ferem os fenômenos pessoais de um líder comum que acredita apenas no poder do ego dos elementos grosseiros. Uma pessoa sublime com a energia da sabedoria pura pode, por meio de seus fenômenos pessoais, alterar os fenômenos gerais, mas nunca os prejudicará. Os fenômenos gerais nunca serão capazes de mudar ou prejudicar os fenômenos pessoais puros de uma pessoa assim, porque os elementos impuros grosseiros dos fenômenos gerais não podem penetrar seus elementos puros, da mesma forma que um vulcão nunca afeta a fonte de luz solar brilhante. Essa pessoa tem o poder secreto da sabedoria sem ego, que é inexaurível e sempre benéfica, porque é leve e pura.

Sem esse poder puro, a energia dos elementos sutis precisa depender da energia instável dos elementos grosseiros. Se não reconhecemos as circunstâncias raiz de nossa essência secreta e usamos externamente a energia de nossos elementos sutis sobre as circunstâncias contribuintes, quando as circunstâncias contribuintes diminuem, nossa energia também diminui. Apesar de a energia de nossas circunstâncias raiz secretas nunca diminuir, ela pode ficar latente ou velada pela negligência e por não nos conectarmos com as circunstâncias contribuintes e, assim, essa energia se perde quando necessitamos dela.

Ao reconhecer o potencial secreto de nossos elementos, somos capazes de criar novas circunstâncias contribuintes infinitamente. Circunstâncias raiz comuns dependem de circunstâncias contribuintes para se desenvolverem, mas as circunstâncias raiz secretas da Mente de Sabedoria não precisam de circunstâncias contribuintes a fim de se manifestarem, porque elas são a essência secreta pura. Quando reconhecidas, elas não diminuem nem se tornam dormentes, mesmo quando as circunstâncias contribuintes mudam, pois elas nunca dependem de circunstâncias grosseiras ou sutis. É por isso que são chamadas de secretas.

De acordo com a lógica comum do samsara, as circunstâncias raiz e as circunstâncias contribuintes são sempre diferentes, mas, de acordo com a lógica sublime, as circunstâncias contribuintes são inerentes às circunstâncias raiz; uma não pode existir sem a outra, da mesma forma que a luz não existe sem a escuridão. Se não fosse assim, como poderíamos nos deparar com circunstâncias contribuintes e as aceitar?

Com o encontro das circunstâncias contribuintes dos elementos bons e leves com nossas circunstâncias raiz dos elementos bons e leves, a separação entre circunstâncias contribuintes e circunstâncias raiz se torna cada vez menor, e as qualidades espirituais se tornam mais vastas e leves. Quando completamente inseparáveis, as circunstâncias raiz não se diferenciam das circunstâncias contribuintes e as circunstâncias contribuintes não se diferenciam das circunstâncias raiz, e a isso chamamos de iluminação.

Até nossa iluminação, os fenômenos pessoais e gerais se comunicam uns com os outros. Essa comunicação permite que as qualidades espirituais dos seres iluminados se tornem perceptíveis por meio de sua história de vida e, assim, permaneçam como ecos no sistema espiritual geral, mesmo que a fonte de seus fenômenos puros e visíveis por si mesmos seja invisível para nós até nossa própria iluminação. Para os indivíduos, assim como para os grupos, quando a circunstância contribuinte – a história de vida sublime dos seres iluminados – se reúne com a circunstância raiz – a semente da iluminação de nossa essência secreta –, essa semente pode despertar e crescer. Ao reunir essas duas circunstâncias, nossas qualidades espirituais aumentam.

Thinley Norbu

Quando lembramos de grandes seres sublimes como Milarepa, Jesus, Buda Shakyamuni e Padmasambhava, achamos que tais seres realizaram milagres intencionalmente. É claro que é bom sentir as coisas desse modo, porque ao tentar nos conectar com a essência pura e secreta deles, acumulamos mérito. Mas a percepção dessa intenção é apenas o nosso acordo com fenômenos grupais gerais. Na verdade, esses milagres aconteceram apenas quando os seres sublimes, a fim de tornar a verdade evidente, fizeram uso da essência pura, secreta e não dividida dos elementos, que existe desde o início.

Pensamos que eles estavam realizando milagres e fazendo magia porque estamos limitados pelos obscurecimentos de nossos elementos grosseiros e, assim, não acreditamos no que nós mesmos não podemos fazer. Então quando, segundo o acordo com os fenômenos grupais gerais, se diz que Jesus andou sobre a água, acreditamos que isso é um milagre, porque nossa mente dualista obscurecida divide os elementos entre água e terra. De acordo com os fenômenos pessoais de Jesus, ele não andou sobre a água. Com sua mente de equanimidade, ele apenas permaneceu na essência secreta primordial dos elementos, que nunca é dividida, sempre vasta, inseparavelmente ubíqua. De acordo com a percepção habitual de divisão dos fenômenos grupais gerais, um evento puro se torna impuro quando obscurecemos a verdade relativa de Jesus, separando-na da verdade absoluta de Jesus. Quando se diz que Jesus andou sobre a água, isso significa que, por meio das circunstâncias contribuintes dessa história, ele estava se adaptando às faculdades individuais e encorajando os seres a aumentarem suas qualidades espirituais.

Os elementos grosseiros e sutis estão sempre conectados com sua própria essência secreta. As pessoas que viram Jesus andando sobre água tinham uma boa conexão cármica com ele, porque, por meio dos elementos de seus fenômenos grosseiros e sutis, eles se conectaram com a essência pura e secreta do que perceberam como sendo um milagre. Mesmo agora, quando ouvimos, por meio da história da linhagem inquebrantável de nossos elementos, que Jesus andou sobre a água, estamos usando os fenômenos de nossos elementos grosseiros e sutis para conhecer os fenômenos da essência pura e secreta de Jesus.

O Buda disse "Eu mostrei a vocês o caminho da liberação; mas depende de vocês a atingirem ou não." Isso significa que, sem tentar encontrar a liberação por meio do exame interno, não somos capazes de reconhecer a verdade em meio a nossos fenômenos pessoais, cuja fonte é a essência pura e secreta dos elementos. Ainda assim, tentamos encontrar a liberação apenas com o exame externo e esperamos reconhecer a verdade em meio a nossos fenômenos grupais gerais, cuja fonte são os elementos grosseiros. Se pensamos que podemos beneficiar nossos fenômenos pessoais ao desenvolver os elementos grosseiros de nossos fenômenos gerais, é porque não entendemos que não podemos confiar nos fenômenos de elementos grosseiros, porque eles são impermanentes e mudam. Quando os elementos externos se tornam inflexíveis e inertes e diminuem, nossos fenômenos pessoais mal desenvolvidos parecem incorrigíveis. Então, devido à nossa falta de confiança na fonte pura de nossos fenômenos pessoais, culpamos os fenômenos gerais e dizemos que o Darma é falso. Assim, devido à inexperiência com a essência pura e secreta dos elementos, criamos fenômenos negativos em relação aos fenômenos gerais e nunca temos fé em nós mesmos ou amor próprio. Porém, se primeiro reconhecemos e estabelecemos a confiança na essência pura e secreta e na energia leve de nossos próprios fenômenos pessoais, somos capazes de ter fé em nós mesmos e amor próprio, porque entenderemos claramente que a fonte de todas as qualidades puras – que nunca desvanece e nunca diminui – é a nossa Mente de Sabedoria. Então automaticamente somos autoconquistados pela autossedução pura das cinco Dakinis de Sabedoria que governam os cinco elementos universais e que são as consortes dos cinco Budas de Sabedoria. Por meio dessa autoevidência, por meio do espontâneo aumento infinito de nossas qualidades espirituais, somos então capazes de gerar fenômenos positivos espontaneamente em relação aos fenômenos gerais, que, por sua vez, se revelam puros por meio de nossa visão pura.

Se não temos esse ponto de vista da sabedoria pura, quer pratiquemos ou não com ioga, rituais e visualização, ou meditação de acordo com as faculdades de nossos fenômenos pessoais, apenas permanecemos no samsara dos elementos grosseiros. Se praticamos de acordo com o Darma puro, não importa se temos concepções negativas ou positivas, porque os dois tipos podem ser dissolvidos na mente de equanimidade. Quando o negativo não tem uma essência negativa sólida e o positivo não tem uma essência positiva sólida, os dois aparecem apenas como uma exibição. Então, os fenômenos da realidade samsárica se dissolvem, e não sobra nem mesmo o nome "samsara". É apenas com o ponto de vista da sabedoria que somos capazes de transformar nossos autofenômenos dos elementos grosseiros pessoais impuros em fenômenos da sabedoria pura e autossecreta. Porque todos os fenômenos gerais vêm dos fenômenos pessoais, quando os fenômenos pessoais se tornam puros, os fenômenos gerais impuros também se tornam puros. Por meio dessa transformação, podemos ajudar os seres espontaneamente, sem rejeitar os fenômenos gerais e sem aceitar os fenômenos pessoais, tornando-nos um só com a essência pura e secreta de todos os fenômenos.

Thinley Norbu

Os dois extremos e além dos dois extremos

A sofrer com a esperança está o eternalista.
A sofrer com a desesperança está o niilista.
Além da esperança e da desesperança
está o budista.

Devido aos nossos hábitos, não reconhecemos o potencial da sabedoria pura e secreta dos cinco sentidos, que é inseparável do potencial da sabedoria pura e secreta dos cinco elementos. Em vez disso, usamos os sentidos grosseiros internos que percebem apenas os elementos grosseiros externos, e assim só podemos entender a essência secreta e sem divisão dos fenômenos como sendo separada, dividida e substancial. Se valorizamos a substância como algo muito duradouro e imutável e, depois de os fenômenos grosseiros desaparecerem, concluímos que os elementos sutis permanecem como seu aspecto mais refinado e puro, essa é a base do ponto de vista eternalista. Se não valorizamos nada além da substância evidente e, quando os fenômenos grosseiros desaparecem, concluímos que nada existe além da substância, essa é a base do ponto de vista niilista. Em ambos os casos, não acreditamos na essência secreta que permeia e vai além dos elementos visíveis e dos sutis.

O eternalismo é expresso por muitas pessoas diferentes de muitos modos diferentes, mas essencialmente elas compartilham o ponto de vista de que uma forma mais sutil existe além dos elementos visíveis e tangíveis. Os eternalistas acreditam em uma divindade eterna e imortal cujas infinitas qualidades sutis são a fonte dos elementos da substância grosseira. Eles acreditam que aqueles que confiam em um criador primordial do céu e da terra e rezam a ele irão provisoriamente obter benefício nesta vida e, em última instância, depois de o seu corpo de elementos grosseiros morrer, uma vida imortal definitiva. Eles acreditam que, quando os elementos grosseiros desaparecem, uma alma de elementos sutis renasce como um deus ou no séquito de um deus, em um paraíso ou terra pura eternos, além dos elementos grosseiros. Os eternalistas geralmente cultuam divindades que apareceram na Terra em tempos lendários e cujas qualidades são reveladas por meio de sua história de elementos sutis. Eles cultuam incontáveis imagens de divindades diferentes, de tantas formas diferentes quanto existem tradições para beneficiar os seres.

O niilismo é expresso por muitas pessoas diferentes de muitos modos diferentes, mas essencialmente elas compartilham o ponto de vista de que não há nada além das qualidades da substância dos elementos grosseiros. Os niilistas não acreditam em uma fonte insubstancial de elementos grosseiros. Alguns acreditam que a substância aparece do nada, e outros acreditam no círculo inexaurível de matéria e energia, em que os fenômenos surgem quando as circunstâncias se juntam por acaso e coincidência. De acordo com o ponto de vista dos niilistas, quando os elementos se juntam, a forma de elementos grosseiros do corpo nasce espontaneamente e inextricavelmente combinada com a mente. Eles acreditam que quando os elementos grosseiros se separam e se dissolvem só restam cinzas, e assim nada sobra da mente. Desse modo, os niilistas não necessitam de concepções de vida futura ou de uma continuidade da conexão cármica. Os niilistas geralmente reverenciam qualidades de poder, fama, beleza, progresso e sucesso, e se apegam aos elementos grosseiros de incontáveis formas diferentes, em incontáveis modos mundanos diferentes, dependendo da história dos elementos grosseiros de sua cultura, a fim de beneficiar a si mesmos nesta vida em tantos estilos diferentes quanto existem egos mundanos.

Para o eternalista, a confiança do niilista na substância grosseira é uma ameaça ao entendimento da fonte da substância sutil de todos os fenômenos. Para o niilista, a confiança do eternalista no sutil e imaterial é uma ameaça ao progresso material, que é o produto visível de todas as qualidades substanciais.

Os eternalistas realmente acreditam na essência pura dos elementos, mesmo que eles não a expressem em termos de elementos. Eles entendem que não pode haver conexão permanente entre os elementos grosseiros impermanentes, então quando rezam, confiam no benefício de seus elementos puros. Quando desejam conhecer seu deus, obter seu poder, bênção ou graça, ou a imortalidade em uma terra pura ou paraíso, os eternalistas tentam alcançar a essência pura dos elementos. O que eles estão dizendo, na verdade, é que a forma dos elementos grosseiros impuros do objeto de culto é capaz de se conectar com a forma leve e pura do objeto de culto nesta vida e que depois, quando os elementos grosseiros se tornarem inertes e perecerem, a essência pura permanecerá fresca e eterna. Essa crença não reconhecida nos elementos puros é expressa através de incontáveis formas em preces, sejam acompanhadas de oferendas de sangue repulsivo, de água pura ou de belas flores, sejam feitas em um estilo mais tradicional, em louvor esperançoso e suplicante, ou mesmo em lamentações solitárias. A crença é expressa por meio de preces, tenha a divindade a forma de uma besta com rabos, chifres ou asas, tenha ela uma forma humana ou sobre-humana, de aspecto cruel ou bondoso, irado ou pacífico, violento ou confortador, esteja a divindade cavalgando um animal ou dançando no céu, esteja ela crucificada ou sentada sobre um lótus imaculado, esteja ela sobre uma lua ou sol brilhantes, ou sobre um trono de joias – não importa, a essência de toda essa devoção é invariavelmente a fonte pura dos elementos.

A forma leve e pura aparece desobstruidamente e inseparavelmente da vacuidade imaculada; não é possível que a forma surja de um nada inerte. Sem a intenção dos elementos puros, a forma da divindade não apareceria, a fala da divindade não soaria, e a mente da divindade não permearia os elementos grosseiros. A graça e a bênção da forma da divindade vêm predominantemente dos elementos terra e água puros; a graça e a bênção da fala da divindade vêm predominantemente dos elementos fogo e ar puros; a graça e a bênção da mente da divindade vêm predominante do elemento espaço puro.

Na verdade, os niilistas também estão envolvidos com a fonte insubstancial de toda substância, mesmo que o neguem. Como disse o Buda: "A natureza de buda permeia todos os seres sencientes". Apesar de os niilistas dizerem que os elementos sutis não existem, eles descrevem os temperamentos das pessoas como terrenos, aguados, fogosos, aéreos ou espaciais, e usam expressões como pé no chão, indiferença gélida, ducha de água fria, discussão acalorada, sangue quente, temperamento tempestuoso e mente aberta.

Se perguntamos aos líderes de governo niilistas se eles acreditam nas qualidades sutis invisíveis dos fenômenos, eles dirão que não, mas seus policiais e soldados estão sempre calculando, no presente visível, os eventos futuros invisíveis e fazendo planos baseados em algo invisível e sutil, que só se tornará visível e grosseiro no futuro. Isso significa que eles realmente acreditam que o invisível e o sutil existem. Apesar de os niilistas dizerem que não acreditam no carma, ao planejar eles revelam sua crença na continuidade invisível entre o passado e o futuro, bem como sua crença na possibilidade de causar resultados futuros. Essa crença em causa e resultado significa implicitamente que eles também acreditam no carma.

A intenção dos niilistas é similar à intenção de alguns meditadores. Se perguntamos a alguém que medita na não forma sobre o que ele está meditando, ele vai responder "nada com forma, nada visível". Porém, o que ele realmente quer é capturar o invisível, ver algo especial; de outro modo, pelo que estaria esperando? Se captura algo, ele se comporta como os policiais do governo. Primeiro eles tornam o invisível visível; depois tentam alterar ou aniquilar o que tornaram visível. Quando perguntamos ao niilista e ao meditador se a intenção é a mesma, eles negam que seja; mas no fundo é a mesma.

Se perguntamos a um niilista que horas são, pode ser que ele responda que é uma da tarde. Então perguntamos o que ele fará mais tarde, pode ser que ele responda que tem um compromisso às cinco horas. Isso implica que ele acredita nos elementos invisíveis sutis, latentes no tempo expresso como "o futuro"; então sua resposta está baseada na crença em uma vida futura, mesmo que negue isso, se perguntado diretamente.

Os niilistas acham que estão separados dos elementos externos pelos limites de seus corpos físicos, mas na verdade a essência secreta de todos os elementos, que permeia todos os fenômenos, nunca é dividida. Mesmo que uma pessoa esteja em Paris telefonando para outra em Nova Iorque, na verdade não há separação. Embora pensemos que a mente está dentro de nossos corpos, ela não está nem dentro nem fora, nem em nosso cérebro nem em nosso coração. Se examinamos cuidadosamente esse "dentro e fora", não somos capazes de encontrar os limites de dentro e fora. Nossos limites vêm do hábito cármico de usarmos elementos grosseiros, são eles que criam essas divisões entre Nova Iorque e Paris, entre uma voz e a outra, entre dentro e fora. Todas as divisões vêm dos hábitos cármicos desses elementos grosseiros.

Duas pessoas podem se conectar uma com a outra a longa distância e comunicar os pensamentos sutis de suas mentes com vozes sutis e intocáveis por meio do aparato grosseiro do telefone. Embora elas já estejam ligadas desde o início pela mente ubíqua e sem ligação, os elementos sutis latentes despertam por meio das circunstâncias grosseiras da chamada telefônica, e assim a conexão original é reestabelecida. Mas é melhor nem falar aos engenheiros de telefone niilistas sobre essa ligação ubíqua, secreta e sem fios, ou eles vão querer cortar os fios metálicos grosseiros do telefone.

Nossa mente real é ilimitada, mas não sabemos disso porque usamos apenas nossas mentes comuns limitadas. Quando pensamos na chamada telefônica, nossas mentes param em Paris, em Nova Iorque e entre Paris e Nova Iorque. Por meio de nossos elementos sutis, facilmente lembramos de um país onde já estivemos devido à nossa ligação prévia com seus elementos grosseiros, mas porque permanecemos em nossos elementos grosseiros divididos, não conseguimos ir além desse limite. Se, por meio de nossos elementos grosseiros, imaginamos um país que nunca visitamos, ou se sonhamos com um país onde nunca estivemos, isso pode significar que estivemos lá em uma vida anterior ou que ainda estaremos por lá no futuro, mas até mesmo essa concepção de um país desconhecido é o limite sutil de nossas mentes comuns. Em qualquer caso em que estejamos – seja no extremo do niilismo ou no extremo do eternalismo – separamos os "fenômenos" da "vacuidade", e devido a nosso hábito de divisão, não podemos ir além, em direção à essência secreta leve e pura dos elementos.

O Buda está além do eternalismo e nunca permanece em qualquer elemento. O Buda está além do niilismo e nunca se separa de qualquer elemento. Mas os seres sencientes não são capazes de reconhecer isso, e assim sempre confiamos no eternalismo ou no niilismo, e acabamos sempre sofrendo e punindo a nós mesmos no círculo da morte e do renascimento.

É por isso que o Buda, a fim de libertar seres obscurecidos pelos entendimentos niilistas errôneos, se manifesta sem intenção como certas divindades com qualidades e aspectos eternos, tais como nunca morrer e sempre ser puro. É por isso também que, a fim de libertar os seres obscurecidos pelos entendimentos eternalistas errôneos, é dito que a natureza das manifestações do Buda é vacuidade. Na verdade, o Buda permeia inseparavelmente os dois extremos e, portanto, permanece além de ambos. Ele nunca permanece nesses extremos como divindade ou como vacuidade, porque eles são inseparáveis. Separar a divindade da vacuidade ou a vacuidade da divindade cria uma circulação e ordenação entre um extremo e o outro. O budismo está além desses dois extremos.

O budismo é o ponto de vista que segue as palavras do Buda. Sempre que temos um ponto de vista, temos sujeito e objeto e o que está "entre" o sujeito e o objeto. Se estamos numa cabana, vemos apenas o que está à nossa frente, mas não o que está acima de nós. Se estamos no topo de um prédio alto, vemos apenas o que está à nossa frente, ao nosso redor, e abaixo de nós, inclusive a cabana. Se estamos no alto de uma montanha, temos a vista de tudo que está à nossa frente, ao nosso redor, e abaixo de nós, e de tudo mais em meio a isso, inclusive o prédio alto e a cabana. Dependendo de nossas faculdades, que vêm de fenômenos cármicos prévios, somos capazes de enxergar um ponto de vista ou muitos pontos de vista diferentes. Mesmo quando ouvimos sobre algo que não podemos ver, muitas vezes não aceitamos isso por causa de nossas faculdades individuais e do hábito de nosso ponto de vista limitado.

Podemos tentar encontrar nossa mente por incontáveis vidas, mas ela nunca será encontrada em qualquer fenômeno substancial, porque ela é a grande vacuidade. Esse ponto de vista vai além do ponto de vista eternalista sem rejeitá-lo. Nossa mente-espelho sempre reflete incontáveis fenômenos desobstruidamente e sem esforço. Esse ponto de vista vai além do ponto de vista niilista, sem rejeitá-lo. Isso não significa que a grande vacuidade e os fenômenos desobstruídos existam separadamente e que eles possam ser recombinados, como dois fios sendo trançados para que se tornem um só. A vacuidade e os fenômenos são inseparáveis desde o início. Esse é o ponto de vista geral do budismo. Onde há vacuidade, há fenômenos; onde há fenômenos, há vacuidade. Não enxergamos isso por causa do hábito de divisão de nossa mente dualista, que nos leva a ver uma coisa de cada vez e a enxergar a vacuidade como diferente dos fenômenos. Às vezes quando praticamos, ao invés de reconhecermos nossa mente de vacuidade inerente e ubíqua, tentamos criar uma vacuidade diferente, e quando não podemos encontrá-la ou não podemos criá-la com nossos fenômenos, ficamos frustrados.

Dos seres comuns até os seres sublimes, o ponto de vista existe até que a iluminação seja alcançada. Em relação ao ponto de vista budista, dependendo das diferentes faculdades individuais, existem diferentes pontos de vista.

De acordo com o sistema do hinayana, o ponto de vista é a ausência de ego. De acordo com o sistema do mahayana, o ponto de vista é a ausência de ego, a insubstancialidade dos fenômenos e a liberdade em relação a todas as atividades mentais. De acordo com o sistema do mahamudra, o ponto de vista é a Mente de Sabedoria ubíqua nos fenômenos existentes e não existentes. De acordo com o sistema do mahasandhi, o ponto de vista é a liberação sem início da Mente de Sabedoria de Samantabhadra.

Na Mente de Sabedoria iluminada, não há sujeito, não há objeto, não há "entre" sujeito e objeto, não há início, não há fim, não há tempo e não há direção, então não há ponto de vista.

O Buda disse "Apesar de eu não ter aparecido em lugar algum, apareço em todos os lugares para aqueles que gostam da aparência. Para aqueles que não gostam da aparência, sou sempre a vacuidade.

Apesar de eu nunca ter falado, falo para aqueles que gostam do som. Para aqueles que não gostam do som, permaneço em silêncio.

Apesar de minha mente nunca ter pensado qualquer coisa, para aqueles que pensam que minha mente é onisciente, ela é onisciente. Para aqueles que pensam que minha mente não existe, ela não existe.

Aquele que quiser me ver gradualmente me verá gradualmente. Aquele que quiser me ver instantaneamente me verá instantaneamente. Tudo o que for desejado será atingido. Essa é a qualidade do meu corpo.

Aquele que quiser me ouvir gradualmente me ouvirá gradualmente. Aquele que quiser me ouvir instantaneamente me ouvirá instantaneamente. Tudo o que for desejado será atingido. Essa é a qualidade da minha fala.

Thinley Norbu

Aquele que quiser conhecer minha mente gradualmente conhecerá gradualmente a minha mente. Aquele que quiser conhecer minha mente instantaneamente conhecerá instantaneamente minha mente. Tudo o que for desejado será atingido. Essa é a qualidade da minha mente."

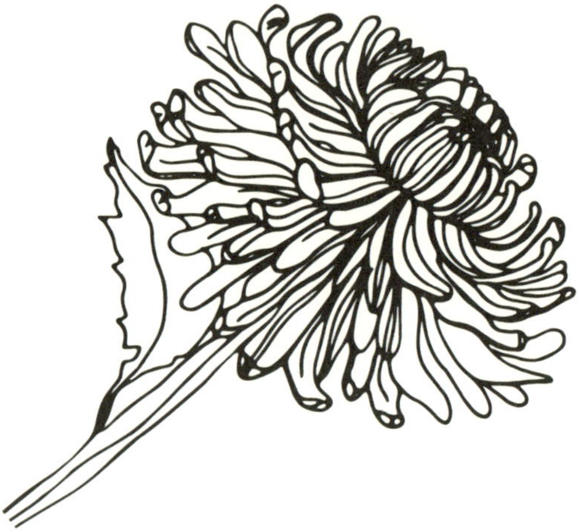

Linhagem

*O ensinamento da linhagem
sussurrada é o hálito da Dakini.*

— Milarepa

A linhagem da essência é a conexão natural ininterrupta com a energia natural e continuamente pura. Se separamos a energia natural de sua fonte secreta, ela se torna obscurecida e impura, e então a linhagem parece rompida. Quando nossos elementos sutis se tornam grosseiros, obscurecidos pelos cinco skandhas, a essência pura dos elementos parece diminuída ou perdida, mas ela de fato apenas se tornou oculta. Tudo que é visível tem uma essência invisível. Até mesmo o cimento, que parece completamente grosseiro e inerte, possui uma essência natural invisível. A fonte insubstancial dos elementos permeia todos os fenômenos sutis e grosseiros, apesar disso, quando temos um rompimento na linhagem, o que é visível parece apenas sobras sem vida.

Quando comemos alimento fresco e natural que vem de elementos grosseiros visíveis, ele se conecta com os elementos sutis para produzir energia invisível, mas o excremento inerte visível ainda persiste. Quando dormimos, nossos fenômenos grosseiros dos fenômenos do estado de vigília se conectam com nossos elementos sutis para produzir excremento invisível na forma de sonhos. Quando nascemos, o carma de vidas passadas se conecta com as circunstâncias da vida atual, resultando nas situações de sonho dessa vida. Em cada um dos casos, o que sobra parece inerte, porque está separado de sua fonte invisível, e sua linhagem de essência parece rompida. O excremento é o resíduo dessa linhagem rompida.

Quanto mais fresco algo for, mais próximo estará de sua fonte natural e de sua linhagem natural. Quanto mais velho o alimento fica, mais ele se torna passado e inerte, e menos acessível sua essência secreta se torna para nós, quando o consumimos. Nossos fenômenos estão constantemente no processo de se tornarem passados e inertes, a não ser que, pela prática, consigamos restaurar seu frescor. Nosso corpo está constantemente no processo de se tornar inerte, a não ser que, pela prática, o consigamos restaurar ao Corpo do Vaso Jovem.

A juventude simboliza um equilíbrio puro no Darma, porque a essência secreta dos elementos se manifesta visivelmente nas coisas quando elas são novas, e seus elementos sutis e grosseiros estão em equilíbrio. Quando uma árvore é jovem, suas folhas exibem cores leves, puras e frescas, porque seus galhos, raízes e folhas absorvem e usam a terra, a água, o fogo, o ar e o espaço em equilíbrio uns com os outros. Quando os seres sencientes são jovens, seus corpos são leves e sua aparência é de frescor porque sustentam seu corpo com o alimento da terra, com o sangue da água, com o calor do fogo do sol, com a respiração do ar e com a consciência do espaço da mente, uns em equilíbrio com os outros. À medida que as coisas viventes ficam velhas, um relacionamento desequilibrado entre os elementos sutis e grosseiros, que dependem uns dos outros, se desenvolve. Alguns dos elementos se tornam mais dominantes e evidentes, enquanto outros se enfraquecem e se tornam inativos. As árvores produzem uma casca pesada e inerte, e o corpo humano produz unhas, cabelo, pus e muco inertes. As folhas das árvores se tornam quebradiças e sem cor, e a aparência das pessoas se torna seca e pálida, até que a conexão entre os elementos grosseiros e sutis se torna tão desequilibrada que se rompe totalmente, deixando uma árvore morta ou um cadáver como sobra inerte. Para aqueles que são capazes de ir além dos elementos sutis e grosseiros obstruídos até sua essência secreta desobstruída, não há desequilíbrio, e assim não resta nenhum elemento grosseiro inerte. Eles deixam um corpo de arco-íris, a pura essência de cor dos elementos visíveis.

Quando não somos capazes de ir além, em direção à insubstancialidade, e nossa linhagem de substância só é traçada até o limite da partícula de substância sutil, que essa geração temporariamente chama de quark, mas que talvez outra geração no futuro nomeie de outra forma para marcar um novo limite de substância sutil, essa é a linhagem da mente deludida do samsara. Se continuamente reconhecemos a essência secreta que permeia todos os fenômenos, existe a linhagem ininterrupta de Mente de Sabedoria, que é desobstruída e sem fim. Linhagem significa qualidades preciosas contínuas e ininterruptas manifestas por muitas formas e aspectos diferentes, mas cuja essência sempre permanece pura.

De acordo com o Vinaya, há sete detentores de linhagem da disciplina do Buda Shakyamuni. De acordo com os detentores de linhagem da boditchita, que passam por Manjushri e Maitreya, há Seis Ornamentos e Duas Excelências. De acordo com a tradição tântrica, os detentores da linhagem são os oitenta e quatro Mahasiddhas ou santos. De acordo com o sistema nyingma, há a transmissão da sabedoria do Buda e a transmissão oral dos seres sublimes.

Se não estamos conectados com a Mente de Sabedoria da essência secreta por nos encontrarmos obscurecidos por tradição, raça, nacionalidade, status social ou orientação política, não somos capazes de conhecer a linhagem budista pura. Alguns asiáticos, ou ocidentais que pensam como asiáticos, acham que os ocidentais não podem ter uma linhagem porque não possuem tradição. Se acreditamos que os ocidentais são materialistas demais para ter uma linhagem espiritual, desrespeitamos a linhagem budista pura. Se não estamos preocupados com qualidades espirituais, mas estamos superficialmente seduzidos por costumes e trejeitos porque associamos a Ásia com a linhagem budista, também desrespeitamos a linhagem budista pura. Se acreditamos que apenas sacerdotes, lamas e gurus possuem uma linhagem, então temos o conceito de linhagem de título e o conceito de linhagem de cadeado e chave[1], o que é desrespeitoso com a linhagem espiritual pura.

---

[1] *Lock and key* é uma expressão inglesa para algo que é fechado e inacessível. (N. do T.)

Há muitos locais sagrados na Ásia que o Buda Shakyamuni abençoou. Se não respeitamos esses lugares, estamos desrespeitando a linhagem budista pura. Algumas pessoas têm o conceito de que apenas os indianos possuem linhagem budista, porque o Buda Shakyamuni nasceu na Índia, ou o conceito de que, se uma pessoa nasceu em Belém, ela então tem a linhagem de Jesus. Mas o Buda disse que o ensinamento verdadeiro nunca depende de raça. Se não reconhecemos aqueles que detêm linhagem pura independentemente de onde venham, estamos desrespeitando a linhagem espiritual vasta e onisciente.

Se praticamos o Darma na dependência do poder da linhagem de substância comum, não obteremos poder espiritual profundo. A fonte do poder visível é sempre o poder invisível. Por exemplo, algumas máquinas são muito poderosas, mas não somos capazes de tocar a eletricidade que passa por elas, porque a fonte de seu poder é invisível. Se não podemos conectar o visível poder de substância com sua invisível fonte insubstancial invisível, então ele rapidamente acaba. Isso é particularmente verdadeiro hoje em dia, quando ocidentais e asiáticos estão fazendo fábricas de Darma, tentando barganhar com a linhagem da substância com fins de poder e lucro. Como capitalistas que anseiam por prestígio e riqueza de modo a alcançar o respeito das pessoas, queremos obter o que é tocável e útil e tememos a pobreza, o anonimato e a perda de poder mundano. Achamos que a linhagem precisa ser exclusiva, apenas para aqueles que acumulam prestígio espiritual. Achamos que a linhagem só é encontrada, quando nos associamos com pessoas elevadas e de alta visibilidade, centros de Darma bem conhecidos e professores que foram reconhecidos pelo público como detentores de linhagem tradicionais.

Podemos fingir ser budistas, mas, se não temos a perspectiva de sabedoria e a compaixão que o Buda Shakyamuni revelou vez após vez, quaisquer atos do Darma que coloquemos em cena serão apenas dramas dármicos para a plateia niilista ter sobre o que fofocar frivolamente durante o intervalo.

Algumas pessoas acham que a linhagem depende de um professor. Especificamente, alguns asiáticos acham que os ocidentais não podem ter linhagem, porque não estão ligados pelo nascimento a um professor espiritual. A não ser que sejamos niilistas e acreditemos apenas no que é visível, não somos capazes de julgar as qualidades espirituais de alguém que não tenha um professor visível nesta vida. Se alguém pega água da torneira, apenas porque não a vemos ser apanhada em uma fonte, seria essa uma razão para se dizer que não se trata de água? Numa peregrinação, os peregrinos precisam de um guia no início, mas quando conhecem o caminho podem fazer o trajeto sozinhos. No fim das contas, apenas porque eles não têm um guia visível, não podemos dizer que eles não conhecem o caminho. Claro, para a maioria das pessoas a linhagem existe na dependência de um professor visível e, de forma geral, se é possível achar um bom professor, é necessário ter um guia. Porém, de acordo com a tradição budista, se acreditamos em carma, acreditamos que pessoas que tiveram um professor visível em vidas passadas e têm experiência com a essência pura de seus elementos podem ter renascido para se iluminar sem depender de um professor visível nesta vida. Mesmo que tenhamos cem professores, se nos separamos de nossa mente natural, temos uma linhagem rompida. Mesmo que não tenhamos professor, quando estamos conectados com nossa mente natural, temos a verdadeira linhagem da Mente de Sabedoria.

Nossa mente comum é a mente deludida, então nossos olhos estão definitivamente deludidos. Embora nos pareça realidade, o que vemos é provavelmente uma alucinação, da mesma forma que uma pessoa com icterícia vê uma concha branca como se fosse amarela. Então não podemos dizer que uma pessoa possui linhagem e a outra não possui. Isso só cria obscurecimentos com relação à linhagem pura. Se queremos falar da linhagem pura do Darma, precisamos nos preocupar com a pureza. Buda Shakyamuni disse "Meu trono de leão destemido do Darma não tem dono. Aquele que tem compaixão, que possui Mente de Sabedoria, que tem em mente o benefício, esse é o ancião de minha linhagem e ele pode se sentar em meu trono." Ele não disse aquele que possui um título, aquele que é escolhido por pessoas de mente neurótica ou aquele que se engajou em mais política. Tenha ele um título ou não, seja ele escolhido ou não, seja ele político ou não, o detentor de linhagem é aquele que tem as qualidades originais da sabedoria, e que tem como fonte de sua mente a pureza da sabedoria. Aquele que tem vastas qualidades espirituais vindas de pura intenção e uma mente bem-dotada pelo carma prévio detém uma linhagem espiritual pura e pode efetivamente beneficiar outros seres.

Mesmo que bem-nascida de nobre família,
Você não encontrou qualquer essência
    nessa vida mundana,
E fugiu de seu magnífico castelo
Vagando por muitos lugares
Buscando apenas a liberação última.

No momento em que buscava a liberação,
Com sua forma desabrochando em
    incomparável beleza,
Dois príncipes tentaram fazer de você sua princesa,
Mas em meio a suas disputas,
Você se tornou a rainha

Do mais poderoso monarca,
A manifestação do corpo prajna da cor do sol,
Que ergue a espada do despertar imaculado,
Cortando as teias da ignorância.

Embora com o regente supremo
Você tenha se tornado a rainha da terra
Cercada por um rosário de montanhas nevadas,
Você se libertou totalmente do apego.

Quando seu mais maravilhoso noivo
Ofereceu você para o Acharya andarilho,
Você o reconheceu como não sendo
    um ser comum,
Mas como o próprio fulgor de Amitabha,
E assim você fundiu sua mente com seu
    coração de sabedoria.

A você, Yeshe Tsogyal, sempre me curvo
Até que eu me torne o mesmo que você.

Thinley Norbu

Hábito, sonho e tempo

Minha forma surgiu feito sonho
A seres sencientes que são como sonho
Concedi ensinamentos de sonho
A fim de levá-los a uma iluminação
de sonho.

– Senhor Buda, Supremo Monte de Joias

Desde os tempos sem princípio, a mente natural incondicionada não tem hábitos. Ainda assim criamos hábitos ao separar os fenômenos do espaço límpido. Inerentemente, um espelho não contém qualquer poeira. Ainda assim, ele atrai e acumula poeira, o que obscurece sua claridade natural. Da mesma forma, nossa Mente de Sabedoria se torna obscurecida pelo ego quando nos apegamos à exibição desobstruída de seus fenômenos puros. Se somos capazes de reconhecer nossa mente natural imaculada, não nos tornaremos obscurecidos pelo apego, mas, se não reconhecemos nossa mente natural pura, os fenômenos dos elementos sutis se acumulam como poeira na nossa mente-espelho límpida.

Se limpamos as leves partículas de poeira assim que se depositam, é possível limpar um espelho com facilidade. Se um hábito está em seu estágio seminal, facilmente podemos fazer com que desapareça. Mas quando abandonamos um espelho e nunca o limpamos, partículas sutis se acumulam, atraindo partículas mais pesadas que grudam naquelas até que o espelho se torne totalmente obscurecido e muito difícil de limpar. Se somos descuidados e negligenciamos nossos hábitos de elemento sutil velados, eles se tornam a causa de hábitos pesados, grosseiros e evidentes.

Nossos hábitos evidentes e facilmente reconhecíveis são como o bolor que surge sobre o alimento velho. Nossos hábitos sutis velados são como o fogo sob as cinzas quentes. Quando purificamos a mente, precisamos remover todos os hábitos residuais, não importa quão sutis eles sejam. Se deixamos uma única partícula de pó sobre o espelho da mente, isso ainda é hábito residual. Mesmo que tenhamos apenas um conceito, apenas um fenômeno, seja ele bom ou ruim, ainda é um hábito residual que obscurece. As nuvens, sejam elas escuras ou claras, ainda são nuvens que obscurecem.

Os hábitos dos elementos pesados dos seres comuns são como o almíscar denso na glândula de um cervo almiscareiro. Os hábitos dos elementos leves dos seres sublimes antes da iluminação são como o odor residual sutil que persiste por algum tempo após o almíscar ter sido removido, até que desapareça completamente. Os seres comuns sentem dor ou felicidade grosseiras com base nos hábitos de seus elementos grosseiros. Alguns bodisatvas ainda sentem dor e felicidade, mas como isso vem dos hábitos de seus elementos leves, isso é como um resíduo superficial comparado à dor e felicidade do hábito raiz denso dos seres comuns. Alguns bodisatvas expressam dor apenas para revelar a verdade do carma e para purificar esse carma para os seres sencientes que sofrem, demonstrando cansaço com relação ao samsara.

Thinley Norbu

Inerentemente, a terra básica pura não tem vegetação. Por meio das circunstâncias dos elementos, a vegetação aparece e obscurece a terra. Os hábitos são como a vegetação. Inerentemente, a água básica pura não tem lodo. Por meio das circunstâncias dos elementos, o lodo aparece e obscurece a água. Os hábitos são como o lodo. Inerentemente, o fogo básico puro não tem fumaça. Por meio das circunstâncias dos elementos, a fumaça aparece e obscurece o fogo. Os hábitos são como a fumaça. Inerentemente, o ar básico puro não tem poeira. Por meio das circunstâncias dos elementos, a poeira aparece e obscurece o ar. Os hábitos são como a poeira. Inerentemente, o céu básico puro não tem nuvens. Por meio das circunstâncias dos elementos, as nuvens aparecem e obscurecem o céu. Os hábitos são como as nuvens.

A mente é como um solo sem limitações e puro. Se não somos atraídos por nossos fenômenos limitados grosseiros e não nos apegamos a eles, permanecemos em nossa mente fresca e ilimitada. A mente é como a água clara e pura. Se não somos atraídos por nossos fenômenos turvos e não nos apegamos a eles, permanecemos em nossa mente luminosa e leve. A mente é como fogo puro e radiante. Se não somos atraídos por nossos fenômenos esfumaçados e não nos apegamos a ele, permanecemos em nossa mente leve e luminosa. A mente é como o ar puro e sem peso. Se não somos atraídos por nossos fenômenos empoeirados e não nos apegamos a eles, permanecemos em nossa mente límpida e desobstruída. A mente é como o céu puro e imaculado. Se não somos atraídos por nossos fenômenos enevoados e não nos apegamos a eles, permanecemos em nossa mente de espaço aberto.

Os hábitos se manifestam em todos os momentos, durante o estado de vigília e durante o sono. Em nossa mente comum, os fenômenos visíveis do hábito do dia são grosseiros, e os fenômenos invisíveis do hábito do sonho são sutis. Porém, o elemento sutil está sempre presente no elemento grosseiro e, assim, na mente de um praticante verdadeiro, o fenômeno do hábito do dia não é diferente do fenômeno do hábito do sonho.

Nossos fenômenos invisíveis de hábito do sonho são como estrelas que não podemos ver enquanto o céu está iluminado pela luz do dia, mas ainda assim estão ali. Os fenômenos grosseiros dos fenômenos do dia não fazem os fenômenos sutis do sonho desaparecer. Os hábitos impuros e invisíveis do sonho da nossa mente comum não desaparecerão até que façamos com que nossos hábitos impuros e visíveis do estado de vigília desapareçam. Embora desde o tempo sem princípio não exista nada visível, ainda assim criamos e acreditamos no visível inacreditável. Entre o visível e o invisível estamos sempre sofrendo. Como disse Shantideva "uma mulher estéril não tem filhos, mas num sonho quando o filho morre, ela sofre". Porém, para o praticante verdadeiro que compreende a essência pura dos elementos, já não há mais fenômenos grosseiros de hábitos grosseiros, bem como não há fenômenos sutis do hábito do sonho.

De acordo com o sistema tântrico, não é necessário examinar os sonhos que temos quando está escuro e antes da meia-noite, porque esses sonhos são apenas expressões de hábitos anteriores. Não é necessário examinar sonhos que temos à meia-noite, quando a concepção dos elementos sutis impuros do sonho e a concepção dos elementos grosseiros impuros do dia estão conectadas, porque eles criam perturbações que se manifestam como demônios. Se queremos conhecer o futuro, devemos examinar os sonhos que temos ao amanhecer.

Se temos um sonho ruim, podemos dissipar seus fenômenos negativos pela oração e meditação. Se é um sonho bom, mantemos seus fenômenos positivos por meio de oração e meditação, e pode ser que ele se torne verdade. Se praticamos meditação sem forma e desejamos repousar na Mente de Sabedoria da Equanimidade, devemos reconhecer que não é importante se os sonhos venham a acontecer ou não, porque tanto o estado de vigília durante o dia quanto o sonho durante a noite são igualmente sonhos. Não devemos ter nem maus sentimentos ou medos com relação a sonhos ruins, nem bons sentimentos e expectativas com relação a sonhos bons, mas sim devemos tentar dissolver nossos conceitos no espaço luminoso.

Se em nossa meditação usamos a forma e desejamos criar fenômenos puros de elementos sutis, então podemos usar uma prática de sonho cuja essência é visualizar a deidade com que temos um elo cármico, de acordo com a sadhana relacionada a nossas faculdades individuais. Se nosso hábito do dia são fenômenos da deidade, o hábito do sonho se torna fenômenos da deidade. Gradualmente o fenômeno impuro do sonho se transformará em fenômeno puro de sonho, até que por fim o tempo do dia e o tempo do sonho se tornem uma só esfera, pura e incomensurável, dos fenômenos da Deidade de Sabedoria.

Nossos hábitos oníricos do dia e do sonho não existem separados das circunstâncias. As pessoas de terras altas, gélidas e tremeluzentes têm o hábito de vestir lã pesada e peles de animais. As pessoas das terras baixas tépidas e verdes têm o hábito de vestir seda e algodão. Quando as pessoas das terras altas descem para as terras baixas, seu hábito de lãs pesadas persiste, e quando as pessoas das terras baixas sobem para as terras altas, seu hábito de algodão leve persiste. Quando pensamos em nossa deidade sublime, mesmo com esforço, não podemos ver sua face. Porém, mesmo sem esforço, a face do ser comum que amamos aparece espontaneamente diante de nós. Os hábitos nos seguem por onde vamos, e mudar os hábitos continua sendo nossa maior dificuldade.

Sempre é muito difícil e doloroso mudar de um lugar conhecido para um lugar desconhecido. A mudança é muito difícil. Quando dizemos "mudança", queremos dizer mudança de hábito. Todas as culturas, tradições e religiões nos ensinam a transformar os hábitos negativos em hábitos positivos. Se não desejamos criar hábitos negativos, precisamos tentar destruí-los desde o princípio. Se vemos uma cobra malhada e sentimos medo, precisamos tentar destruir esse medo imediatamente, ou teremos medo ao nos deparar com uma corda igualmente malhada, devido tão somente à ilusão causada pelo nosso hábito de cobra malhada.

O hábito positivo de uma pessoa é o hábito negativo de outra pessoa, e o hábito negativo de uma pessoa é o hábito positivo de outra pessoa. A concordância ou discordância entre pais e filhos, homens e mulheres, alunos e professores, ou governos e seus povos sempre

Thinley Norbu

surge porque eles estão tentando transformar os hábitos negativos em hábitos positivos de acordo com seu próprio ponto de vista. De acordo com o ponto de vista do Darma, a finalidade de todas as práticas e ensinamentos é purificar os hábitos do ego a fim de transformar os fenômenos negativos em fenômenos positivos.

Nossos fenômenos estão sempre mudando no tempo, e a fonte de nosso hábito do tempo é a substância. À medida que os elementos se tornam mais grosseiros e substanciais, começa a haver direção. E, à medida que há cada vez mais direção, há mais tempo. Não conseguimos ver todos os tempos simultaneamente, porque nossa mente do tempo presente está presa nos elementos substanciais grosseiros. Não podemos ver a substância do tempo passado, porque estamos divididos entre a substância nova que nossa mente está sempre criando e a substância do tempo passado que já se tornou inerte. Não conseguimos ver a substância do tempo futuro, porque ela ainda não amadureceu ou se tornou evidente. O carma é tempo passado e futuro latentes que se tornam evidentes como o tempo presente.

A mente comum está sempre dividida pelo tempo, da mesma forma que o espaço de uma pessoa comum é dividido pelas fronteiras da substância grosseira. Devido a isso não podemos ver além do presente por meio dos elementos grosseiros. É como estar dentro de uma parede sólida e espessa, através da qual não se pode ver ou penetrar, porque estamos obstruídos pelo tempo da substância.

Os bodisatvas, dotados de qualidades sublimes devido ao carma, podem ver todos os tempos como se vissem através de um vidro transparente. Porque eles têm menos obscurecimentos de elementos grosseiros, eles veem o futuro além da substância. O Buda, que está em todos os lugares sem estar em nenhum deles, vê desobstruída e espontaneamente sem intenção, porque seus elementos estão além da substância, e sua mente nunca é dividida pelo tempo. Nem mesmo o exemplo do vidro serve nesse caso. Aqueles que permanecem na mente límpida do espaço do céu mantendo todos os elementos em equanimidade veem tempo e espaço em sua totalidade, pois esses são abertos e desobstruídos. Eles não têm direção ou tempo, porque não são nem substância interna nem substância externa. No céu não há montanhas, não há obstáculos, não há obscurecimentos de substância, e não há direção.

O Buda tudo vê porque na Mente de Sabedoria não há tempo nem direção. Sem tempo e direção, não há mais nada para ver. Mas, se não há nada mais para ver, como pode o Buda ser um guia e beneficiar os seres sencientes? Se pensamos que não há tempo, como pode o Buda prever o tempo? Se pensamos que não há direção, como pode o Buda indicar direção?

O Buda é onisciente; sua mente é como o céu. Ele não mostra nada; o que aparece é um reflexo. Se os seres sencientes têm direção, ela se reflete. Se os seres sencientes têm tempo, ele se reflete. Então, na verdade, o tempo não é um reflexo do Buda, é um reflexo de nós mesmos. Se estendemos um para-sol no céu, a sombra retorna para a terra. Os elementos substanciais aparecem da mesma forma. O tempo retorna como uma sombra para nosso corpo, então o tempo é nosso próprio fenômeno.

A fim de manter o acordo externo, um tempo determinado é derivado do tempo geral dos fenômenos a partir de observações e julgamentos baseados em elementos e condições evidentes, grosseiros e externos. Quando esses elementos são de forma geral complementares, fazemos relógios para mostrar a mesma hora, mapas para mostrar a mesma direção no espaço e histórias para mostrar a mesma direção no tempo. Os astrólogos fazem calendários de tempo pelas estrelas; os cientistas, pelos computadores; e os galos, pelos seus sentidos dos elementos internos. O tempo parece cada vez mais verdadeiro devido ao acordo geral grupal entre galos e cientistas, mas algumas vezes os computadores dos cientistas quebram, gerando erros, e algumas vezes os galos se demoram em seus sonos devido ao hábito de sonhar ao alvorecer. Precisamos entender que não existe um acordo geral de fenômenos do tempo que seja único. Enquanto a lua cheia se põe por trás das montanhas ao oeste, enviando seu raio de boas-vindas para o pico da montanha no leste, simultaneamente o sol nasce por trás das montanhas no leste, enviando um raio de adeus para o pico da montanha no oeste.

No Leste, isto é, na Ásia, de acordo com uma das tradições da astrologia, uma única respiração de um corpo adulto saudável tem três etapas: inspiração, retenção e expiração. Seis respirações são chamadas de um chusang, e há sessenta chusang em uma hora, e sessenta horas num dia e noite. Todos os cálculos são baseados nesse conceito particular de chusang do dia e da noite. No Norte, os habitantes têm o acordo do Alaska do tempo de horas irregulares do dia e da noite, enquanto no Sul, os habitantes de países tropicais estão acostumados com horas regulares do dia e da noite. Por todo lado, o tempo é muito instável, porque está dentro da substância, e sempre se transformando e se tornando inerte. Se tentamos fazer dele algo exato, enquanto confiamos na substância impermanente, ficamos frustrados e loucos.

Não é possível depender do tempo e da direção externos, porque, de acordo com o carma, os elementos de cada indivíduo são diferentes e, portanto, a qualidade do tempo dentro de cada um deles é diferente. Por esse motivo, demonstramos o tempo por meio de elementos substanciais de diversas formas. Alguns de nós são sonolentos e sempre querem dormir, alguns de nós não conseguem dormir tão rapidamente quanto outros, e alguns de nós acordam mais cedo do que outros. Quando os elementos são leves e sutis, a qualidade do tempo contida neles é moderada, suave e regular. Quando os elementos são pesados e grosseiros, a qualidade do tempo neles é desigual e irregular, algumas vezes rápida, outras vezes lenta. Quando pessoas com elementos diferentes se encontram, em parte a interação entre elas pode ser turbulenta ou harmoniosa por haver ou não complementaridade entre as qualidades do tempo em seus elementos. Se duas pessoas se encontram e a qualidade do tempo em seus elementos é regular e moderada, elas sempre estão em harmonia. Se seus elementos são irregulares, elas podem estar em harmonia uma com a outra apenas quando as qualidades do tempo em seus respectivos elementos estiverem em sincronia. Quando suas qualidades do tempo não correspondem umas às outras, elas interagem de forma turbulenta.

Thinley Norbu

Todos os seres humanos dependem do tempo em suas atividades diárias para se comunicar. Mas ainda que dependamos do tempo, muitas vezes não nos conectamos uns com os outros. Por exemplo, algumas vezes devido aos diferentes hábitos de tempo, não nos encontramos mesmo que pensemos ter um encontro marcado. Quando perdemos a hora, nunca consideramos que as energias de nossos hábitos de elementos do tempo pessoal possam ser incompatíveis. Apenas dizemos "desculpe, me atrasei". Quando alguém chega na hora, dizemos "ah, que bom, você chegou bem na hora". E entre "desculpe, me atrasei" e "ah, que bom, você chegou bem na hora", podemos passar o tempo de nossa vida toda.

Temporariamente, os praticantes precisam confiar em um tempo determinado comum porque temos hábitos de tempo de elementos comuns. Mas num sentido último, por meio da meditação, todos os fenômenos externos grosseiros e fenômenos de tempo determinado parecem ser o tempo da verdade relativa invertida. Isso é assim porque, ao praticar, desenvolvemos alguma experiência com fenômenos sem tempo determinado, mais expansivos, permeados pela linhagem do tempo atemporal. Então, os fenômenos sem tempo determinado parecem ser a verdade relativa propriamente dita. Enquanto os praticantes continuam a praticar com esses fenômenos sem tempo determinado, os fenômenos do tempo passado, presente e futuro, o fenômeno do tempo da verdade relativa invertida, o fenômeno do tempo da verdade relativa propriamente dita, e fenômenos do tempo do sonho e do estado de vigília, todos os nossos fenômenos de hábito do tempo enfim se tornam um único tempo no espaço sem espaço. Então poderemos sempre permanecer na equanimidade do tempo sem tempo.

Thinley Norbu

Mente brincalhona

Os peixes brincam na água.
Os pássaros brincam no céu.
Seres comuns brincam na terra.
Seres sublimes brincam na manifestação.

A brincadeira de uma pessoa é a seriedade de outra, e a seriedade de uma pessoa é a brincadeira de outra. Para adultos, adolescentes parecem brincar, mas para os adolescentes, seus próprios fenômenos parecem sérios. Isso se deve ao fato de que, por incontáveis vidas passadas, todos os seres iludidos com a mente dividida separaram os fenômenos em elementos grosseiros e sutis, considerando sua brincadeira séria, porque acreditam que ela é de verdade.

Quando as crianças são imaturas e não conectam suas mentes de elementos sutis com seus brinquedos de elementos grosseiros, elas se tornam sérias. Se elas não compreendem como as coisas funcionam, elas desenvolvem um hábito de raiva frustrada que acabam levando para a vida adulta, trocando o objeto de sua frustração de um brinquedo para uma pessoa. Se desde o nascimento elas reconhecessem que a brincadeira é brincalhona, que não é séria, e que o grosseiro e o sutil são inseparáveis, tanto as crianças quanto os adultos não sentiriam frustração ou raiva.

A separação é sempre a causa de frustração. Seja entre pais e filhos, entre amigos, entre marido e mulher, ou entre aluno e professor, quando não nos conectamos devido a nosso hábito estabelecido de separar sujeito de objeto e grosseiro de sutil, isso resulta em frustração e raiva. Quando sentimos essa frustração e raiva, precisamos tentar dissipá-la, mas não dividindo ainda mais o objeto de nossa raiva frustrada, e sim praticando o Darma e também meditando.

Mesmo sem meditar ou usar conceitos de Darma, as qualidades espirituais existem desde o princípio. A energia espiritual é como uma floresta natural e jovem, que pode ser destruída pelas chamas da raiva frustrada. Como o fogo, quando a raiva frustrada se torna cada vez mais pesada, a energia espiritual leve diminui como a fumaça. Depois do fogo, tanto a energia dos elementos grosseiros quanto a energia dos elementos sutis são exauridas, e restam apenas as cinzas da tristeza vazia. Então, sem a sustentação dos elementos grosseiros mundanos e dos elementos sutis internos, nossa mente se torna fraca e pesarosa.

Porém, por meio da brincadeira, a energia espiritual pode ser sustentada, e por isso não devemos achar que a brincadeira seja sempre ruim. Quer nossa mente amadurecida rígida rejeite a brincadeira ou não, tudo continua sendo a exibição da essência natural secreta dos elementos. Se somos sérios e rígidos, nossos elementos sutis se tornam congestionados, e assim não podemos refletir essa exibição de sabedoria. Se nossa mente é calma, vasta e brincalhona, sempre reconhecemos essa exibição da essência. No espaço aberto, nunca há turbulência entre os elementos grosseiros e sutis.

Quando estudamos, se temos uma mente brincalhona aberta, absorvemos o que estudamos. A flexibilidade vem da mente brincalhona, então quando nossa mente está aberta, aceitamos o que nos é ensinado. Com uma mente séria e rígida, não podemos aprender, porque ela é fechada e desequilibrada. Nossa mente séria está sempre cansada, enquanto nossa mente brincalhona está sempre descansada. Quando não há espaço e não há descanso, o que quer que aprendamos será limitado.

Quando trabalhamos, se temos uma mente brincalhona aberta, não temos perder nada, e assim trabalhamos continuamente até atingir nosso objetivo. Com a confiança que vêm da mente brincalhona, nunca hesitamos e não cometemos erros. Dúvidas e hesitações vêm de uma mente que é muito rigidamente séria. Quando temos medos ou hesitações, nosso interesse em nosso trabalho diminui, ficamos preguiçosos e fracos e perdemos a confiança. Se não temos confiança, o que quer que façamos, o que quer que digamos, nunca acerta o alvo. Porque nossa mente está dispersa e amedrontada e hesitante, perdemos o foco. Sem concentração, não penetramos o alvo, porque nossa mente está sempre estancada antes de atingir o objetivo. Quando reconhecemos que erramos o alvo, ficamos frustrados. Assim, a mente se torna ainda mais estreita, instável e frágil devido a essa frustração, e tudo mais se perde em nossa situação de vida.

Sem a mente brincalhona, mesmo quando vemos coisas belas, não entramos em contato com elas porque temos medo e erramos o alvo por falta de confiança. Mesmo quando escrevemos, tudo está errado, porque temos medo e erramos o alvo por falta de confiança. Mesmo quando lemos, não absorvemos o sentido porque temos medo e erramos o alvo por falta de confiança. Mesmo quando somos recebidos por amigos, o sabor não permanece, porque temos medo e erramos o alvo por falta de confiança. Mesmo quando buscamos a companhia de pessoas de mente vasta, elas não podem confiar em nós ou conversar conosco, uma vez que nossas mentes rígidas são pequenas demais, porque temos medo e erramos o alvo por falta de confiança.

Se desejamos lutar com alguém, não somos capazes de vencer quando nossa mente é demasiado séria ou estreita. Mesmo que gritemos, chutemos e berremos, se nossa mente é rígida, não temos poder. Nossa mente se torna dispersa e nervosa devido à tensão, incapaz de penetrar o objeto. No debate, a lógica se torna desordenada quando a mente é rígida e abarrotada, porque os pensamentos se tornam dispersos e não há espaço aberto disponível para a mente brincar. Então, se somos sérios e tensos demais, sempre seremos derrotados pelo adversário com a mente mais relaxada, que compreende que com nervosismo não pode haver confiança.

Se temos uma mente brincalhona, reconhecemos por meio da meditação que todos os fenômenos são como a mágica. Então, onde quer que estejamos, estaremos confortáveis. Se viemos de uma classe de padrão alto, podemos mesmo assim fazer o trabalho de uma classe mais baixa muito facilmente, sem desconforto ou presunção. Se viemos de uma classe de padrão baixo, podemos mesmo assim nos comunicar facilmente com pessoas de padrão alto, porque nossa mente é vasta e brincalhona. Não importa nossa classe de origem, não há contradição entre os padrões

Thinley Norbu

baixo e alto, porque nossa mente está aberta e relaxada, e vemos os fenômenos como a exibição da Mente de Sabedoria desobstruída.

Se dispomos de uma mente brincalhona, mesmo quando falamos com líderes poderosos, podemos falar com eles tão poderosamente quanto eles falam, porque nossa mente é livre e destemida e, assim, vemos todos os fenômenos como a exibição da Mente de Sabedoria desobstruída.

Se temos uma mente brincalhona, não há contradição entre puro e impuro, então quer tomemos votos religiosos ou não, automaticamente manifestamos moralidade pura, que depende de uma mente pura, livre de conceitos negativos. A finalidade dos votos é transmutar o impuro em puro. Com a mente brincalhona que é totalmente pura, não temos nenhum pensamento sério com relação a quebrar ou manter votos, porque vemos todos os fenômenos como a expressão da Mente de Sabedoria desobstruída.

Se temos uma mente brincalhona, mesmo quando deixamos nossa terra natal, podemos facilmente nos adaptar a qualquer costume, porque não somos sérios com relação aos costumes de nosso próprio país. Com a mente brincalhona, podemos nos adaptar bem em qualquer lugar, porque vemos todos os fenômenos como a exibição da Mente de Sabedoria desobstruída.

Quando praticamos, precisamos de uma mente brincalhona descansada. Todas as qualidades espirituais são invisíveis e sem substância, e estão inerentemente presentes em toda substância. Se somos sérios demais, o objetivo de nossa meditação se torna cada vez mais longínquo, porque nossa mente é dividida e obscurecida; mas, se temos uma mente brincalhona, nossas mentes sempre serão claras, como o lago cujas águas se tornam claras quando é deixado em paz, livre de perturbações.

Muitos professores e textos dizem que precisamos ser sérios e diligentes com nossa prática. Mas a diligência séria não significa apenas disciplina estreita e rigorosa. Se separamos a diligência do espaço aberto, ela se torna causa de ignorância. A diligência verdadeira é sempre a energia contínua da mente aberta brincalhona. Quando meditamos, se deixamos nossa mente natural em paz na mente brincalhona, nossa mente séria e aferrada não pode nos perturbar. Precisamos de uma mente equilibrada entre o aferrar demais e o relaxar demais. Quando essa mente séria e aferrada cessa, a iluminação está próxima sem nenhum esforço.

Certa vez havia um discípulo de Buda Shakyamuni que não conseguia nunca descansar a mente nem mesmo por um momento, oscilando entre a concentração aferrada demais e a concentração solta demais. O Buda perguntou a ele "Antes de se tornar meu aluno, você alguma vez tocou música?" O discípulo respondeu "Sim, eu tocava muito bem a cítara." O Buda perguntou "O som era agradável quando as cordas estavam apertadas demais?", e a resposta foi "não". Novamente o Buda perguntou "O som era agradável quando as cordas estavam soltas demais?", e a resposta foi "não". Então o Buda disse "E como era produzido um som agradável?" E o aluno respondeu "O som agradável era produzido quando as cordas da cítara não estavam nem apertadas, nem soltas demais." O Buda disse "Você é capaz de meditar da mesma forma, com uma concentração que não é nem aferrada, nem solta demais?" E quando o discípulo meditou com uma mente equilibrada como o Buda ensinou pelo exemplo da cítara, ele viu a natureza de sua Mente de Sabedoria.

Se estamos praticando visualização e não temos expectativas, então não importa qual tipo de deidade visualizemos, veremos espontaneamente a Deidade de Sabedoria. Concentração séria demais causa uma mente neurótica e aferrada. Se tentamos visualizar a Deidade de Sabedoria com olhos sérios e franzidos e uma mente neurótica aferrada, nossa visualização se torna um demônio, porque sua fonte é a mente dualista. Onde há dualismo, há rejeição e aceitação. Onde há rejeição e aceitação, há causa para apego e aversão. Onde há apego e aversão, há a causa do samsara.

Assim, não importa qual seja nossa prática, precisamos da mente brincalhona, que é sempre inesperada e vasta. A mente brincalhona não tem medo porque não tem objeto. Por ser completamente natural e aberta, é sempre uma fonte de êxtase e bênção. Se temos uma mente brincalhona, podemos aumentar nossa energia de sabedoria natural. Essa energia leve e indestrutível é muito sutil e poderosa, sempre benéfica aos outros, porque é inofensiva e impenetrável pela substância de elementos grosseiros da energia das outras pessoas. Porque a seriedade é uma expressão dos elementos grosseiros, quanto mais séria alguma coisa é, mais pesada ela será, e assim é mais provável que fiquemos presos ao que é pesado, e nos separemos do que é leve. O Buda é completamente leve, então não podemos dizer que ele seja sério. O Buda é vasto, a tudo permeia e nunca é dividido.

Mente brincalhona

Em geral aos alunos do hinayana é ensinado tentar domar a mente e abandonar as qualidades desejáveis por meio da disciplina. Porém, enquanto praticantes do Darma, geralmente nos agarramos a apenas uma palavra dos ensinamentos do Buda com essa disciplina. Na verdade, o ensinamento do Buda é beneficiar todos os seres sencientes, e os seres sencientes sempre dependem de qualidades desejáveis. É por isso que o Buda diz que você precisa oferecer todas as qualidades desejáveis para as Três Joias. Isso não significa que o Buda tenha, como nós temos, cinco sentidos para aceitar as qualidades desejáveis. O Buda está apenas se adaptando a nós para que possamos brincar com as qualidades desejáveis e, por meio da brincadeira, nossa mente possa ser liberada em sua energia de pura leveza.

O Buda diz que quem quer que compreenda a compaixão mágica e quem quer que pratique a iluminação mágica é o melhor praticante. Por meio da mágica, somos capazes de brincar usando o potencial secreto de nossos elementos. Quando nos concentramos com seriedade demasiada, todos os elementos se aglomeram num conceito sério, o espaço interno se torna muito congestionado e estreito, e onde não há espaço, há escuridão. No espaço escuro superlotado não há lugar para a mente desobstruída do espelho, cuja luminosidade natural foi suprimida pela mente séria. Se não há luminosidade da mente brincalhona, não é possível haver Mente de Sabedoria límpida e discernente, que é a fonte e o suporte de todas as qualidades e todos os fenômenos.

Thinley Norbu

A magia e o mistério

*Flocos de neve, embora tão belos
quanto as flores, desaparecem
quando tocados.*

As mentes de todos os seres comuns são magos cuja magia é um truque enganador por meio do qual a verdade se torna falsa ou a falsidade se torna verdade, seja por prazer, seja por sofrimento. As pessoas temem a magia e se tornam supersticiosas porque dividem os elementos grosseiros e os elementos sutis e não confiam na conexão entre eles. Esse hábito de divisão resulta num desequilíbrio entre os elementos grosseiros e os sutis. Então, se surge uma circunstância ruim, tal como um acidente ou doença, algumas vezes consideramos se tratar de magia negra projetada por um mago, demônio ou fantasma. Claro, de forma geral, até que nossa mente dualista esteja completamente esgotada, teremos fenômenos negativos. Determinados demônios ou fantasmas realmente existem por meio desses fenômenos, mas não devemos nunca os imaginar diferentes de nossa própria mente neurótica. Até que todos os magos negros se tornem magos de sabedoria branca, e até que tenhamos transformado nossa mente neurótica em Mente de Sabedoria, sempre seremos enganados e sabotados.

Em termos do benefício definitivo, o melhor antídoto contra os magos é dissolver todos os conceitos mágicos em grande vacuidade. Então, quando observamos nossa mente, a dualidade do sujeito interior que vê um mago e do próprio mago como um objeto exterior se dissolve e se torna a Mente de Sabedoria de um só espaço. Um só espaço é invariavelmente inofensivo, porque não existe mais um objeto que prejudica e um sujeito que é prejudicado. Todos os fenômenos existentes surgem na Mente de Sabedoria, sem esforço, como magia de sabedoria desobstruída, que sempre beneficia e nunca prejudica.

Se, porém, acreditamos em magia, magos e demônios, então, para nosso benefício temporário, será necessário um antídoto tal como a visualização, uma defesa para nos proteger. Se necessitamos de proteção contra um mago cujo elemento de energia é predominantemente fogo, podemos visualizar elementos fogo ainda mais fortes ou elementos água bastante poderosos. Para proteção contra um demônio cujo elemento de energia é predominante água, usamos elementos água ainda mais fortes ou elementos fogo bastante poderosos. Se necessitamos de proteção contra a violência causada pela ira, o antídoto é mais energia irada, se queremos vencê-la, ou energia pacífica para domá-la. Para proteção contra um mago que possui o poder de manifestar fantasmas, podemos visualizar deidades poderosas.

A essência dos demônios da magia pode ser compreendida por meio do exame de cada um de seus quatro aspectos. O demônio da obstrução aparece como resultado da dependência em nossos sentidos internos obscurecidos, que utilizamos para criar uma conexão com os elementos externos. Por exemplo, terremotos, enchentes e acidentes não são inerentemente bons ou maus, e pais, família, amigos e amantes não são em si bons ou maus, mas quando nosso ego se conecta com essas circunstâncias de substâncias externas e as interpreta, nossos conceitos se tornam bons ou ruins, ruins ou bons, e tanto interpretações ruins quanto boas se tornam demônios obstrutores.

O demônio desobstruído aparece quando surgem sentimentos e estados de espírito que não são resultado e que não dependem de circunstâncias de substâncias externas. Geralmente ficamos muito preocupados com tais demônios desobstruídos, porque não podemos encontrar uma substância que seja causa de nossos sentimentos e estados de espírito. Nessa geração, muitas vezes passamos anos frequentando terapeutas para nos livrar desses demônios desobstruídos, tentando os explicar e os externar.

O demônio da autossatisfação ligado a nossas qualidades mundanas surge quando interpretamos circunstâncias boas, tais como status, amigos e conforto, com base no orgulho e numa sensação de contentamento, e assim nos apegamos a nossa própria boa fortuna. O demônio da autossatisfação ligado a nossas qualidades espirituais é mais sutil. Por exemplo, podemos considerar que nosso caminho espiritual é superior, nosso professor é o melhor, nossas experiências visionárias ou de êxtase são muito especiais. Nossa mente se torna obscurecida pela autoimportância com esses pensamentos e, porque não podemos incrementar nossas qualidades puras devido a essa mente obscurecida, não é possível vencer os demônios da autossatisfação.

O demônio da presunção surge quando interpretamos o "eu" como sendo melhor do que o outro, usando conceitos de comparação. Por exemplo, podemos pensar "sou mais belo, mais inteligente, mais talentoso do que eles".

No elevado budismo vajrayana, as deidades são retratadas pisoteando quatro corpos. Os corpos simbolizam a aniquilação dos demônios da presunção.

> Senhor Buda, possa eu transformar meu corpo
>   comum no esplêndido Corpo de Sabedoria,
>   e ser igual a você.
> Senhor Buda, com seu aspecto mais irado possa
>   eu derrotar esses quatro demônios,
>   e ser igual a você.
> Senhor Buda, possa eu, com as enormes pernas
>   da compaixão intensa, esmagar e aniquilar
>   esses quatro demônios, e ser igual a você.

Para os praticantes, os demônios da autossatisfação e da presunção são os mais perigosos. Sem realizar a Mente da Sabedoria, um praticante pode se tornar um santo ou um sábio sem abandonar o ego e, com o uso de certas sadhanas, pode atingir grandes poderes tais como os de um mago. Mas sem uma compreensão verdadeira de nossa natureza real de sabedoria e sem confiança em nossa Mente de Sabedoria, não importa que poderes alcancemos com a prática, se não somos capazes de libertar nossa mente do orgulho do ego na conquista de tais poderes, eles se tornarão apenas causa de samsara.

O Guru "Que Conhece os Três Tempos" disse "há muitos santos, mas poucos atingiram a realização".

Thinley Norbu

Sem realizar a Mente de Sabedoria, mesmo que um santo seja capaz de realizar diversos milagres grandiosos, se a essência de sua magia é o ego, ele apenas criará demônios de presunção e autossatisfação, que são enormes obstáculos para a iluminação. Por esse motivo, o caminho do praticante é muito difícil.

De forma geral, até que um erudito alcance completa confiança em sua Mente de Sabedoria, ele precisa praticar em segredo e sozinho. Muitos anos atrás, na Índia, havia um grande erudito chamado Fonte do Ensinamento que vivia e ensinava na universidade budista de Nalanda. Ele atingiu o siddhi comum por meio da prática da sadhana de sua deidade e se tornou capaz de realizar milagres grandiosos. Quando concedia iniciações, dispunha vasos rituais suspensos no céu, e assim ficava com as mãos livres para fazer gestos. Embora sua mente fosse muito poderosa, seu professor o instruiu a não sair de Nalanda até que tivesse atingido confiança em sua própria Mente de Sabedoria. Mesmo assim, ele abandonou a universidade com um aluno devotado, e foi para o mundo realizar as ações de um santo.

Na estrada, encontrou uma moça que não acreditava no budismo. Como ela estava perto de um pessegueiro, ele pediu por alguns pêssegos, mas ela disse "Pegue você. Não sou sua escrava." Ele então sentou perto do pessegueiro e, quando menos esperava, as frutas caíram à sua frente como chuva. A moça disse imediatamente "Antes de comer, olhe para mim." E enquanto ele olhava para ela, ela olhou para os pêssegos, e eles retornaram para a árvore, de modo que ele ficou sem nenhum. Ele então ficou primeiro envergonhado e, logo em seguida, furioso. Ela lhe disse "Embora você seja um iogue muito poderoso, fique certo de que daqui três noites não estará mais vivo."

Ele foi embora com seu aluno, e após um tempo ficou doente, com sangue na urina. Mesmo possuindo o poder da visualização da deidade, sua ansiedade aumentava cada vez mais, porque sua confiança na sabedoria não era suficiente. Ele pensou que estava sendo punido pela deidade por desobedecer ao conselho de seu professor de não sair da universidade até atingir confiança na sabedoria.

Foi-lhe dito que sua doença só seria curada com a espuma das águas do mar. O mar era muito longe, então ele mandou o aluno buscar o remédio. No caminho de volta o aluno encontrou outra moça, que perguntou para onde ele ia com tanta pressa. Quando ele explicou que seu professor estava doente e quase morrendo, ela respondeu triste que ele já havia morrido. O aluno jogou fora a espuma do mar e correu até a cidade onde havia deixado o professor, mas quando chegou, o encontrou vivo. O professor perguntou "Onde está a espuma do mar?", e o aluno explicou que a moça na estrada havia lhe dito que era tarde demais. Então Fonte do Ensinamento soube que morreria pelo poder do demônio. Ainda assim, ele decidiu, usando seus próprios poderes, tentar voltar a seu corpo depois da morte e, por esse motivo, pediu a seu aluno que protegesse o cadáver.

Quando Fonte do Ensinamento morreu, essa mesma moça, que era uma bruxa, produziu a emanação de muitos lobos que ficaram rondando em torno da casa onde o corpo se encontrava, arranhando as portas dos vizinhos e uivando tão alto que a cidade inteira ficou sabendo que havia um cadáver nas proximidades. Quando amanheceu ela reapareceu como uma moça e espalhou notícias sobre onde o cadáver poderia ser encontrado, então as pessoas do vilarejo foram à casa e levaram o corpo para queimá-lo. Depois de três dias, apareceu um rodamoinho próximo ao aluno, e dele veio uma voz dizendo "nesta vida não pude me iluminar, mas talvez durante o bardo eu consiga".

Muitos textos budistas mencionam outros exemplos de obstáculos criados pelos demônios da presunção e da autossatisfação. Praticantes como Fonte do Ensinamento foram emanados pelo Buda para nos ensinar a reconhecer os efeitos desses demônios. Se somos inteligentes ou famosos devido a nosso intelecto mas não possuímos a confiança na sabedoria, sempre será necessário resguardar-se quanto a demônios da presunção e da autossatisfação para que possamos praticar de uma forma pura. Sem uma confiança completa em nossa Mente de Sabedoria, continuaremos a nos deixar enganar pela magia, quer pensemos que se trate da magia de demônios ou da magia de nossas próprias mentes neuróticas. Sem compreender realmente, encararemos tudo que for misterioso com suspeita, separando sujeito de objeto e sutil de grosseiro, sem confiar na verdadeira natureza do mistério de sabedoria inerente em nossas mentes.

Quando não podemos explicar algo, dizemos que é misterioso porque a expressão dos elementos sutis está oculta nos elementos grosseiros. Todas as qualidades ocultas são misteriosas. Podemos dizer que o amanhã é misterioso, o ano que vem é misterioso, e o futuro é misterioso, porque são velados não ocorreram ainda. Nunca pensamos que os fenômenos que ocorrem à luz do dia são misteriosos, porque são visíveis e grosseiros, mas consideramos misteriosos os fenômenos do sonho, porque são velados e sutis. Pensamos que o que está oculto não é confiável, e rejeitamos o que sentimos ser misterioso, mas, de fato, nenhuma das duas coisas é permanente: tanto os fenômenos que ocorrem à luz do dia quanto os fenômenos do sonho não são confiáveis. Quando sonhamos, nossos fenômenos do estado de vigília são velados. Quando estamos acordados, nossos fenômenos do sonho são velados. Cada um deles é igualmente misterioso e mágico do ponto de vista do outro.

Muitas vezes consideramos que o tempo do sonho, por ser curto, não é verdadeiro, enquanto o tempo do dia, por ser longo, é verdadeiro. Mas algumas vezes no sonho podemos completar uma longa tarefa em um único instante – algo que nunca poderíamos completar no tempo comum do dia – e também em um instante podemos viajar longas distâncias, o que levaria muitos dias à luz do dia. Seja longo ou curto, o tempo do dia ou o tempo do sonho é apenas algo magicamente criado pelos conceitos e, na verdade, nenhum dos tempos é verdadeiro. Os dois são igualmente não confiáveis, impermanentes e misteriosos.

Muitas pessoas não religiosas desconfiam das religiões em geral, e particularmente do budismo, porque é algo que parece a elas um mistério. Mas ainda assim elas aceitam prontamente e confiam em muitas situações misteriosas e mundanas. Contrabandistas, por exemplo, são um mistério para os funcionários da alfândega. E, porque acreditam na capacidade de mistério dos contrabandistas, os funcionários da alfândega suspeitam de todos, inclusive de não contrabandistas. Eles automaticamente acreditam que o mistério está em toda parte; é o trabalho deles. Contrabandistas desconfiam de todos os funcionários da alfândega, mesmo sem saber ao certo se vão ser mesmo vistoriados por algum deles. Sem acreditar no mistério de um funcionário da alfândega, como um contrabandista poderia permanecer oculto e proteger seu mistério? Como resultado, o tempo todo, estejam onde estiverem, contrabandistas e funcionários da alfândega permanecem mutuamente engajados em desconfiar do mistério e expressar o mistério, como se isso fosse sua religião.

O explicável é sempre inerente ao mistério inexplicável, e o mistério inexplicável é sempre inerente ao explicável. Os contrabandistas possuem funcionários da alfândega inerentes a eles, e os funcionários da alfândega possuem contrabandistas inerentes a eles. O que é inerente se manifesta como desconfiança, e assim eles procuram enganar uns aos outros, trocando o mistério de um pelo mistério do outro.

Por todo lado no samsara, os governos acreditam no mistério, sem o reconhecer. Um país que tem um poder misterioso pode conquistar outro que tenha um poder evidente. Alguns governos possuem organizações tais como a KGB e a CIA, que são baseadas em segredo. Essas organizações são misteriosas entre elas e para todo mundo. Como seu poder vem do mistério, quando seus segredos são revelados, sempre acabam substituídos por outros segredos. Como resultado disso, as organizações de outros países nunca entendem o que elas vão fazer ou como lidar com elas.

A paranoia autoprotetora de nosso ego cria desconfiança, e essa desconfiança é a fonte do mistério do samsara, que é a causa de mais desconfiança. Sempre desconfiamos que objetos externos possam vir a nos causar dano, e assim criamos separação e divisão. Mas nunca suspeitamos que esses mesmos objetos sejam o Buda, nossa própria mente misteriosa, nunca separada de nós, e a fonte do mistério do nirvana.

Se as pessoas podem acreditar no mistério do samsara também deveriam ser capazes de acreditar no mistério do nirvana. Podemos dizer que os seres sencientes são misteriosos porque, devido à falta de confiança na sabedoria, eles são enganados pelos seus próprios fenômenos não confiáveis, e o não confiável é sempre misterioso. Podemos também dizer que o Buda é misterioso, porque suas qualidades sublimes nos são ocultas devido a nossas mentes obscurecidas.

O mistério do samsara, criado pela mente dualista, sempre faz com que sejamos enganados. Não abandonaremos o mistério do samsara a não ser que acreditemos no mistério do nirvana. Se rejeitamos o mistério do nirvana, isso causa ignorância; se acreditamos nele, não somos enganados pelos objetos dos fenômenos dualistas.

O mistério do samsara criado pela mente dualista é sempre a causa do sofrimento, enquanto o mistério do nirvana nos protege e nos liberta do sofrimento. O mistério do samsara é um ciclo infindável do inexplicável que se torna explicável e depois volta a ser inexplicável, repetidamente. E isso é assim porque o mistério do samsara sempre existe no tempo e entre sujeito e objeto. Porque temos expectativas quanto a objetos, quando os perdemos, nossa mente sofre e cria novos objetos. Dessa forma acabamos atados a oposições tais como existência e inexistência, e acreditamos em oposições como algo necessário. Quando pensamos na parte superior de nosso corpo, a parte inferior se torna misteriosa. Quando pensamos na frente, o dorso se torna misterioso. Mas a frente e o dorso dependem um do outro, de acordo com o mistério dualista; não se tem um sem ter o outro, mas só se pode ter um de cada vez. Da mesma forma, o que vemos pode ser masculino, mas o feminino misterioso está sempre inerente e é revelado pelos elementos sutis presentes dentro dos grosseiros. O misterioso está oculto; é necessário, mas não expresso ou expresso de forma sutil. Se não acreditamos em opostos, estamos nos abrindo ao mistério da iluminação.

As qualidades sublimes misteriosas são sempre benéficas. Elas fazem com que a mente fique cada vez menos dependente dos objetos, permitindo que o explicável e o inexplicável se unam inseparavelmente. As pessoas sublimes não dependem de sujeito e objeto ou tempo e lugar, e não se deixam enganar pelos fenômenos misteriosos do samsara. Mas as pessoas de mente comum não são capazes de apreender as qualidades sublimes ocultas, e então tais qualidades lhes parecem ameaçadoras e misteriosas. O que é desconhecido é sempre misterioso, portanto, se não conhecemos nossa mente, ela sempre é misteriosa. Porque a mente é o derradeiro mistério, o Darma, que é a expressão das qualidades puras de nossa mente, também deve ser misterioso. Porque nossa mente é misteriosa, fenômenos externos comuns, que vêm da mente, também são misteriosos.

De acordo com a substância comum e misteriosa do samsara, a água é mais misteriosa do que a terra, porque é mais leve, mais instável e móvel. O fogo é mais misterioso do que a água porque é mais leve, mais rápido e menos tangível. O ar é mais misterioso do que o fogo porque é ainda mais leve e mais invisível. Mas o espaço é o mais misterioso de todos, porque não é nunca opaco, nunca vazio, e é o mais invisível e o mais vasto. Se não houvesse espaço, não haveria terra, água, fogo ou ar. O espaço permeia todos os elementos.

O misterioso comum tem um aspecto puro e um aspecto impuro. O mistério é impuro quando o fenômeno puro de nossa mente se torna fenômeno impuro, como quando, por exemplo, a deidade que visualizamos se torna um demônio devido a nosso próprio fenômeno impuro. O mistério é puro quando o fenômeno impuro de nossa mente se torna fenômeno puro, por exemplo, quando transformamos um demônio em uma Deidade de Sabedoria. Se nos fixamos no fenômeno da deidade em nossa visualização, sem reconhecer a Deidade de Sabedoria, esse fenômeno se torna impuro. Mas, se entendemos como visualizar por meio do fenômeno de sabedoria, somos capazes de transformar o fenômeno obstruído do demônio no fenômeno desobstruído puro da deidade.

A Mente de Sabedoria do Buda é pura e misteriosa. Ela nos protege porque é, num sentido último, inapreensível e secreta, e não pode ser penetrada pelo misterioso mundano e temporário. A Mente de Sabedoria do Buda é desobstruída e sempre beneficia a todos sem intenção por meio da energia pura da sabedoria misteriosa que impregna todos os elementos e é sempre livre. A Mente de Sabedoria do Buda tem um poder misterioso de sabedoria que nunca acaba, nunca se prende em lugar algum e nunca é afetado pelos fenômenos explicáveis e obstruídos do samsara. Se somos capazes de reconhecer nossa própria essência de sabedoria secreta misteriosa, que é igual desde o princípio à essência de sabedoria secreta misteriosa do Buda, então a iluminação não nos será mais misteriosa, porque, inseparáveis do Buda, somos nós mesmos o misterioso.

> O terremoto não é capaz de causar danos
> ao céu misterioso, não importa o quanto
> seus tremores poderosos causem ruína
> e destruição.
> O oceano não é capaz de causar danos ao céu
> misterioso, não importa o quanto suas ondas
> turbulentas causem enchentes e destruição.
> O fogo não é capaz de causar danos
> ao céu misterioso, não importa o quanto
> suas chamas bravias queimem e causem
> destruição.
> O furacão não é capaz de causar danos ao céu
> misterioso, não importa o quanto seus ventos
> violentos soprem e causem destruição.

Cura

*Um remendo de pedra na madeira
não será adequado.*

De acordo com a Mente de Sabedoria, os elementos dos fenômenos são desobstruídos e puros. Fenômenos puros são naturais, e não são obscurecidos e nem constritos por elementos grosseiros. Eles são leves, invisíveis, impenetráveis, insubstanciais e indestrutíveis porque nada permanece inertemente em lugar algum. Onde nada permanece, nada pode diminuir ou aumentar. Onde nada pode ser diminuído ou aumentado, há equilíbrio e pureza. Onde há equilíbrio e pureza, há saúde.

De acordo com a mente dualista comum, os elementos dos fenômenos são obstruídos e impuros. Fenômenos impuros são obscurecidos e constritos pelos elementos grosseiros. Eles são pesados, visíveis, penetráveis, substanciais e destrutíveis porque permanecem inertemente em algum lugar. Onde algo permanece, esse algo pode ser diminuído ou aumentado. Onde algo pode ser diminuído ou aumentado, há desequilíbrio e impureza. Onde há desequilíbrio e impureza, há doença.

Os cinco elementos surgem cada vez menos sutis na medida em que adotam as qualidades atribuídas a eles pela mente comum. Se um médico não acredita na essência invisível e pura dos elementos, seu diagnóstico pode ser incorreto, pois ele só pode tratar da doença por meio de elementos visíveis e impuros. Mesmo assim, quanto mais experiente é o médico, mais sutil será o ponto de vista de seu diagnóstico. Ele pode tratar sintomas óbvios externos para obter resultados imediatos específicos e visíveis que são apenas temporários, ou pode tratar os sintomas internos mais sutis para obter benefícios menos visíveis, mais equilibrados e mais graduais. Esses últimos, embora também temporários, chegam mais perto da fonte invisível da doença. Porém, não interessa quão sutil seja o tratamento, se o médico percebe os fenômenos como separados de sua essência pura, sua capacidade de ajudar será limitada.

O médico experiente reconhece que todos os elementos são basicamente dependentes uns dos outros. Porque cada um dos elementos tem os outros quatro inerentemente dentro de si e as combinações dos elementos variam e mudam de acordo com o carma, os temperamentos e a saúde das pessoas também mudam constantemente. Como resultado disso, o tratamento médico adequado lida com a doença ao corrigir os desequilíbrios nos elementos do ponto de vista mais sutil. Para realizar isso, os cinco elementos se combinam em muitas categorias diferentes de tratamento de acordo com os muitos sistemas de medicina.

Porque os elementos dependem uns dos outros, eles só podem ser considerados separados em suas aplicações específicas para efeitos específicos. A eficácia dessas separações depende da capacidade do médico em reconhecer, num dado paciente, quais elementos impuros estão reduzidos e precisam ser aumentados ou quais estão exacerbados e precisam ser reduzidos, e como aplicar o tratamento para que se chegue aos níveis mais sutis a fim de restaurar o equilíbrio.

Thinley Norbu

Dessa maneira, algumas vezes é adequado usar um elemento para que ele aumente a si próprio, como o fogo é usado para aumentar o fogo quando os elementos sutis de calor no paciente estão reduzidos. Em outros momentos, um elemento é usado para neutralizar outro, como a água é usada para neutralizar o fogo quando os elementos sutis de calor no paciente estão excessivos. Uma pessoa com febre de elemento fogo pode ser tratada com grãos ou plantas que crescem num clima frio; uma pessoa com calafrios de elemento água pode ser tratada com grãos ou plantas que crescem num clima quente.

A compatibilidade e os efeitos dos elementos muitas vezes dependem das sutilezas de suas aplicações. Por exemplo, o fogo nem sempre é o inimigo da água. Quando a água é esquentada pelo fogo, isso pode resultar em vapor, que é mais leve e mais puro que a água original e mais frio que o fogo original. Para certos desequilíbrios, esse vapor sutil pode ser mais adequado do que qualquer um dos elementos usado separadamente. Da mesma forma, os efeitos positivos e negativos dos elementos dependem da sutileza em seus usos. Alguns remédios quando tomados em quantidade excessiva podem se tornar venenos; alguns venenos quando tomados em doses pequenas podem se tornar remédios. Muito remédio para a febre pode causar calafrios; insulina demais para a diabete pode levar ao choque. Algumas vezes dois venenos se combinam para formar outro veneno, e outras vezes juntos se tornam um remédio; de todo modo, as qualidades positivas e negativas dos elementos usados em tratamentos precisam sempre estar equilibradas.

O potencial da mente comum de entender os elementos puros varia de acordo com o carma, então conceitos de puro e impuro diferem de um ser para outro. Muitas moscas e insetos se sentem atraídos pelo pus, enquanto seres humanos inteligentes pensam no pus como água infectada. Os seres humanos acreditam que o sangue é mais puro que o pus. Praticantes experientes reconhecem que o elemento de fonte interna tanto do sangue e quanto do pus é a água, que se torna néctar de sabedoria de cura pela percepção pura de sua prática.

O médico comum que não entende que a essência invisível dos elementos está inerentemente presente nos elementos substanciais não sabe equilibrar e purificar os elementos impuros. Devido a isso, ele não pode tratar adequadamente um elemento que esteja diminuindo ou aumentando e pode prejudicar outros elementos ao prescrever um tratamento equivocado. Por exemplo, quando uma pessoa com um tipo sanguíneo raro está doente, um médico comum pode apenas recomendar uma transfusão e tentar achar o tipo específico de sangue para a troca do sangue substancial. Ele espera uma reação visível ao invés do processo mais lento de localizar os elementos água adequados para restaurar o equilíbrio dos elementos grosseiros por meio da compreensão da essência pura do sangue.

Porém, quer seja o sangue aumentado por alimentos naturais ou por remédios que contenham o elemento água ou ainda por uma transfusão de sangue que contém o elemento água, se o médico é um niilista e apenas acredita na substância, quando os elementos visíveis de seu tratamento se esgotam, ou quando um tipo adequado de sangue para a transfusão não está disponível, a capacidade de ajuda também se esgota, e assim a doença retorna. Os elementos grosseiros do paciente então enfraquecem com a ansiedade, e não é mais possível ajudá-lo. Porém, se o médico compreende e acredita na essência invisível de sabedoria dos elementos, ele pode ajudar o paciente com métodos sutis e o confortar por meio dessa crença, e assim o equilíbrio natural dos elementos do paciente pode ser restaurado e sua doença curada.

Os elementos permeiam todos os fenômenos, e porque a mente permeia todos os elementos, se um médico diz a um paciente que ele tem um tumor canceroso, o paciente pode focar no tumor com medo, fazendo com que ele cresça. Esse foco se origina do elemento sutil do fogo de sua ansiedade, que aumenta o crescimento da doença com poder de queima destrutivo. Se o médico é capaz de entender os elementos invisíveis, ele pode restaurar o equilíbrio natural dos elementos na mente de seu paciente por meio do equilíbrio natural dos elementos em sua própria mente compreensiva. Assim, ele pode confortar e encorajar o paciente a focar positivamente para dissolver o tumor com visualização e meditação. Mesmo que, devido ao carma, o paciente morra, esse foco positivo é benéfico para ele, porque não haverá resíduo de câncer ou a semente de um novo câncer em sua próxima vida ou renascimento.

De acordo com o sistema tântrico, as circunstâncias raiz do nascimento são criadas por elos cármicos; as circunstâncias contribuintes são o esperma do pai e o óvulo da mãe. O renascimento ocorre quando os dois se unem na ausência de ar impuro. Por meio da energia do ar cármico, o esperma e o óvulo se unem e formam o embrião. A energia do corpo se manifesta da energia do ar cármico, que se origina e aumenta a partir do centro do umbigo do embrião. Por meio dessa energia, o embrião se torna alongado. Então, a energia sutil do corpo todo se condensa a partir da fonte no umbigo para formar os nervos e veias. Finalmente, os canais centrais da vida se estendem a partir do chacra da garganta para formar o chacra da cabeça da grande exaltação. No final, a forma do corpo se desenvolve e cresce no útero por cerca de trinta e oito semanas por meio da energia do ar cármico.

O aumento dos ossos, medula e cérebro vem predominantemente da influência do esperma do pai, enquanto o aumento da carne e do sangue vem predominantemente da influência do óvulo da mãe. A parte sólida do corpo, como por exemplo a carne e o sangue, vem predominantemente das qualidades do elemento terra; à medida que aumentam, surgem o nariz e o sentido do olfato. As partes líquidas do corpo, como por exemplo o sangue, vêm predominantemente das qualidades do elemento água; à medida que aumentam, surgem a língua e o sentido gustativo. O calor e a aparência do corpo vêm predominantemente das qualidades do elemento fogo; à medida que aumentam, surgem os olhos e o sentido da visão. A respiração do corpo vem predominantemente das qualidades do elemento ar; à medida que aumentam, surgem a sensação ao longo do corpo e o tato. Os espaços conectando os elementos externos e internos que são o suporte da vida vêm predominantemente das qualidades do elemento espaço; à medida que aumentam, surgem os ouvidos e o sentido da audição.

Sem o elemento terra, não há base para o suporte; sem o elemento água, não há base para coletar e reunir; sem o elemento fogo, não há base para amadurecer; sem o elemento ar, não há base para aumentar; sem o elemento espaço, não há porta para expandir. Assim, todas as circunstâncias raiz e contribuintes se combinam para resultar no nascimento.

Uma criança nascida com elementos equilibrados nascerá com uma mente equilibrada. Se os elementos não estão equilibrados no nascimento, isso pode resultar numa mente histérica. Os desequilíbrios podem ser causados por elementos não complementares nas circunstâncias contribuintes do óvulo da mãe e do esperma do pai. Porém, algumas vezes filhos de pais complementares nascem com energia histérica. Nesse caso, a fonte real da histeria não são os corpos físicos dos pais nessa vida, mas os elementos sutis invisíveis na energia cármica de circunstância raiz de vidas passadas da criança.

De forma geral, os desequilíbrios entre os elementos que resultam em histeria podem ser causados por muitas circunstâncias externas diferentes, tais como família, negócios, fama, poder, Darma e política. Essas circunstâncias externas são fonte de muita euforia e depressão, que, por sua vez, causam frustração, fragilidade e decepção. Sempre que os elementos pessoais internos da mente dependem de elementos externos gerais, a mente se enfraquece e é facilmente afetada por eles. Quando as circunstâncias externas são temporariamente ruins, causando depressão excessiva, os elementos internos da mente se tornam agitados e perdem sua força. Essa agitação causa a instabilidade dos elementos internos, deixando a mente frágil como a chama azulada de uma lamparina tremeluzente, com o óleo quase no final. Nessa condição, a mente não se expande em meio aos elementos equilibrados da equanimidade. Quando as circunstâncias externas são temporariamente boas, causando euforia excessiva, os elementos internos da mente se tornam agitados e fortes demais, fazendo com que a energia da mente saia de controle como a água pressurizada jorrando de um cano aberto. Todos os canais no corpo acabam inundados e a energia não permanece serena em meio aos elementos equilibrados da equanimidade.

Mais especificamente, a histeria pode ser causada quando pais rígidos ou professores de tradições estritas, que na verdade não compreendem a qualidade leve da energia de uma criança, controlam de forma calculadora de acordo com os elementos de sua própria energia pesada e madura. Porque o recipiente das mentes das crianças não é capaz de absorver todos esses elementos de energia diversos, elas se frustram e ficam cheias de medo, e a semente da histeria é plantada entre os medos e as frustrações. Quando essas crianças crescem, elas têm frustrações e medos residuais e se tornam histéricas devido a essa mente estressada. Distrações agradáveis são um antídoto para esse tipo de histeria.

Quando os elementos de duas pessoas não se complementam e suas mentes não são adequadas uma à outra, isso pode resultar em histeria. De acordo com o ponto de vista niilista, homens e mulheres se encontram como resultado da coincidência. Do ponto de vista budista, homens e mulheres se encontram devido ao amadurecimento do carma latente entre seus elementos internos e se unem no amor quando todos os elementos sutis e grosseiros se complementam. Quando se unem no sexo e seus elementos sutis se complementam, criam elementos grosseiros complementares, culminando em orgasmos. Se seus elementos sutis são compatíveis, eles se beneficiam entre si com a conexão externa por meio dos elementos grosseiros, o que também possibilita que seus elementos internos mais leves se conectem. Se, entretanto, seus elementos se tornam incompatíveis alterando, fazendo diminuir ou contradizendo um ao outro, não há mais nenhuma conexão vital ou satisfação entre eles, e isso pode causar histeria.

A histeria é também causada por busca e fixação exageradas em todas as direções e com relação a todos os objetos e o conhecimento. Porque toda substância é impermanente, quando um objeto é alcançado, outro é perdido, e entre o alcançar e o perder, a energia da mente nunca serena no coração. Esse tipo de mente histérica se dispersa por toda parte, sempre tentando alcançar algo. Porque o envolvimento constante com os fenômenos externos causa turbulência, algumas vezes é benéfico para esse tipo de pessoa ficar em lugares escuros, silenciosos e se abster de conversas ou de ouvir música. Pais, professores ou médicos que desejem ajudar com meios hábeis devem tentar equilibrar e acalmar a energia interna dessas pessoas sem forçar nada.

Outra causa da histeria é a competição. Há muitos incontáveis cientistas, filósofos, eruditos, artistas e outros cuja intenção última é inventar algo novo. Porque concorrem para criar a melhor invenção, há constante competição, e o estresse dessa competição causa histeria. O antídoto para isso é também tentar equilibrar e acalmar as energias internas sem forçar nada.

A histeria também pode ser causada pelo esforço para obter a substância sutil. Tal como cientistas, filósofos, eruditos, artistas ou meditadores, se não usamos nossos elementos puros com a prática da sabedoria, podemos vir a descobrir que usamos nossa mente de uma forma intelectual sutil, indo cada vez mais fundo, e buscando na substância seus elementos mais refinados e sutis. Porém, tendo em vista esse objetivo ordinário, ficamos presos na substância refinada, e nossa mente nunca encontra espaço para ir além, em direção à insubstancialidade. Quando não estamos cientes da essência pura dos elementos e não temos espaço para relaxar, nossos elementos sutis internos se tornam congestionados, perdendo poder e nos causando frustração. Então, tal como o elemento ar externo que se torna turbulento devido ao calor do sol e faz com que as nuvens se acumulem e a chuva caia, internalizamos e suprimimos nossas emoções e condensamos os elementos internos sutis de força vital, que acabam amontoados e constantemente em colisão uns com os outros, movendo-se turbulenta e histericamente, conectando-se com os elementos externos do corpo no coração, e assim criando água de coração e expressões explosivas de histeria.

Thinley Norbu

Seja lá qual for a fonte, a turbulência dos elementos sutis fará com que nervos, veias e respiração ligados a nossos elementos grosseiros internos se tornem instáveis, nos forçando a depender de nossos elementos externos grosseiros. Esses elementos grosseiros externos têm o poder de nos iludir quando os elementos sutis e internos da mente se enfraquecem, da mesma forma que o elemento de fogo do sol é capaz de nos fazer alucinar, se nossos elementos sutis não são fortes o bastante. Então a energia turbulenta da ação e fala de nosso corpo se torna tão histérica quanto nossa mente. Porque é mais congestionada e sofre maior pressão, a energia turbulenta dos histéricos é mais forte do que a energia das outras pessoas. Como resultado, essas pessoas podem criar e destruir muitas coisas, e podem prejudicar ou beneficiar, dependendo se estão em meio a elementos que não as complementam ou em meio a elementos que as complementam.

Um sinal externo de histeria é o movimento constante e nervoso. Isso pode resultar em acidentes ruins. Quando vamos pegar um copo, o quebramos; quando cozinhamos, nos queimamos ou nos cortamos; quando caminhamos, caímos; quando estamos entre as pessoas, ficamos tristes com facilidade; quando falamos, o fazemos aos sopetões; quando nos deitamos, não conseguimos dormir; quando dormimos, temos sonhos turbulentos e ameaçadores; quando pensamos, antes de um pensamento acabar, outro já começou.

A histeria também produz doenças externas específicas porque os conceitos são inseparáveis do ar cármico que contém todos os elementos. Aqueles que são nervosos, que não têm uma mente em repouso, têm conceitos em movimento contínuo. Essa atividade persistente gera um calor perceptível que é a essência do elemento fogo. O fogo e o ar estão conectados um com o outro por suas qualidades sutis parecidas. Para a mente comum, o elemento sutil do fogo é mais perceptível e substancial que o elemento sutil do ar. Essa combinação de ar e fogo faz com que os elementos se manifestem de forma cada vez mais grosseira, misturando-se com os elementos água e terra. Por exemplo, se devido ao carma os cinco elementos não estão equilibrados no corpo e os elementos terra e água em algum dos órgãos do corpo diminuem, então os elementos fogo e ar são agitados pelos conceitos histéricos da mente, e a irritação dos elementos grosseiros pelo movimento ardente da mente no contexto do ar cármico pode resultar em doenças como feridas, úlceras e câncer.

Enquanto nossa mente comum permanecer obscurecida e desequilibrada, continuaremos a ficar histéricos devido a nossos conceitos de elemento impuro. Porque nossa mente comum precisa constantemente de um objeto, nunca reconhecemos que a Mente de Sabedoria vai além dos conceitos. Estamos obscurecidos por essa ignorância, o que está ligado ao elemento pesado da terra. Depois queremos saber algo sobre esses conceitos; esse desejo está ligado ao elemento água. Então, porque não temos um ponto de vista de sabedoria, não encontramos nada, e ficamos com raiva, frustrados e invejosos, sem saber onde descansar. Essa raiva e esse orgulho estão ligados aos elementos fogo e ar.

Se somos histéricos, não encontramos a essência secreta vasta e pura dos elementos, não importa o quão frequente ou constantemente tentemos. Tornamo-nos cada vez mais divididos e presos onde não há espaço, não há descanso, e não há mais crença no vasto espaço além dos conceitos. Porque os elementos sutis e grosseiros dependem constantemente uns dos outros, renascemos nestes mesmos corpos de elementos grosseiros e turbulentos, com as mesmas mentes de elementos sutis histéricas. Quando as circunstâncias histéricas de nossas vidas anteriores, causadas predominantemente pelos elementos fogo e ar por meio de fenômenos negativos, se conectam na vida subsequente com novos fenômenos negativos, nos tornamos ainda mais histéricos com mais raiva ardente e frustração aérea. Quando as circunstâncias histéricas de nossas vidas anteriores, causadas predominante pelos elementos fogo e ar por meio de fenômenos negativos, se conectam na vida subsequente com novos fenômenos positivos, nos tornamos ainda mais histéricos com mais euforia aquosa.

A água, como o fogo, algumas vezes é positiva e outras vezes negativa. A fim de ajudar uma pessoa histérica, é preciso separá-la de sua mente positiva, excessivamente eufórica, bem como de sua mente negativa, excessivamente deprimida, até que ela chegue a uma mente equilibrada natural. Os elementos que causam essa euforia ou depressão precisam ser encontrados. Sejam eles originários do desejo do elemento da água ou da raiva do elemento fogo, o tratamento depende das circunstâncias particulares do indivíduo. Por exemplo, se o elemento fogo está evidente em certo paciente, o psicólogo experiente pode criar um elemento água evidente como antídoto. Se o paciente está com raiva, ele pode criar uma atmosfera calma e pacificar o paciente. Se o paciente está escondendo um problema atrás de uma superficialidade calma, o terapeuta pode criar uma atmosfera de fogo e fazer brotar a raiva real. Por meio da compreensão da expressão dos elementos do paciente, o psicólogo pode transformá-los para criar o equilíbrio necessário. Se ele não é capaz de entender a natureza dos elementos contidos na expressão do estado de espírito de seu paciente, ele será apenas como uma babá, fornecendo brinquedos para pacificá-lo temporariamente.

Médicos experientes compreendem que a melhor forma de equilibrar os elementos é por meio de remédios sutis apropriados, tais como visualização, exercícios ióguicos de respiração e meditação. A meditação, ou a observação da mente, é especialmente eficaz para diminuir a dor e curar doenças. Por meio da observação, a base da dor e da doença se dissolve, porque a dor e a doença são conceitos e se encontram nos elementos grosseiros. Por meio dessa observação, os elementos grosseiros se dissolvem nos elementos sutis, e os elementos sutis se tornam cada vez mais leves até que reste apenas o espaço límpido e os cinco elementos permeiem tudo de forma velada e inseparável, e além de qualquer conceito de doença ou dor. Então a mente do espaço límpido sem ego, equilibrada desde o princípio, se liberta de todas as distinções entre elementos puros e impuros.

Energia e Poder

*Uma pessoa inteligente pode
se beneficiar dos outros
Sem prejudicá-los,
Tal como uma abelha que bebe
o néctar de uma flor sem prejudicá-la.*

Desde o princípio, a energia sutil e grosseira dos elementos é inseparável da vacuidade. Quando nos expressamos excessivamente com excitação, exageramos nossa energia dos elementos grosseiros e deprimimos nossa energia dos elementos sutis. Como resultado, nossa energia acaba sendo predominantemente direcionada à substância e sua conexão natural com a vacuidade é obscurecida. Porque a substância é impermanente, quando surgem novas circunstâncias e o objeto substancial de nossa energia excitada muda ou se perde, nossa energia também se perde, e nos sentimos ansiosos e deprimidos. Dessa forma, nossa energia é como um rio e tem um fluxo natural. Se a energia de um rio é excessiva, ele transbordará. Mais tarde, quando sua energia de enchente se exaure, restam as ruínas. Ao permitir que nossa energia grosseira transborde, ficamos cansados facilmente porque nossa mente perde seu suporte de energia mais sutil. Se, através de meios hábeis, somos capazes de conservar a energia sutil, expressando-a cuidadosamente em quantidades pequenas e com pausas, isso é temporariamente bom para nossa saúde e para nosso humor – estejamos nós sozinhos ou com outras pessoas – e também nos beneficiará quando ficarmos velhos.

Algumas vezes tememos que o poder de nossa energia seja desperdiçado se não a utilizamos imediatamente, assim que surge a oportunidade. Porém, problemas podem surgir se a forma da mente é expressa imediatamente em reação a circunstâncias. O poder expresso sem perspectiva ampla sempre retorna, transformando a confiança em impotência patética. Alguns pensam que o poder grosseiro é mais efetivo quando é expresso de forma visível, em vez de expresso com equanimidade invisível. Porém, quando só vemos o que está à nossa frente e não conseguimos considerar o futuro, isso é apenas ignorância. Se um leão selvagem tenta matar o urso que está à sua frente sem perceber atrás de si o caçador que o quer matar, ele perde o poder.

De acordo com os costumes mundanos, quando fazemos planos para negócios ou tentamos organizar nossa vida, é melhor manter a energia contida sem expressá-la até obter resultados. De acordo com os costumes do Darma, é também melhor manter a energia contida até termos desenvolvido confiança. Assim, mesmo que o resultado não apareça imediatamente, nossa energia não se dissipa e não se esgota.

Até que certas circunstâncias ocorram, as pessoas não são capazes de ver a mente invisível dos outros. A forma da mente torna-se então visível por meio da expressão, e assim é possível entrar em contato com ela e se comunicar. Mesmo antes disso acontecer, certos tipos de demônios, espíritos ou fantasmas conseguem percebê-la. Não obstante, ao manter nossa energia contida e a mente forte e relaxada, somos capazes de nos proteger e beneficiar. Seres espirituais e sublimes com mente transparente também percebem o que ainda não foi expresso, porém, naturalmente, porque eles têm Mente de Sabedoria, eles apenas nos trazem benefício.

Na medida em que é poderosa, a energia inerente em nossos elementos dá suporte à nossa mente. A fim de aumentar o poder de nossa energia, precisamos ter um método com um objetivo. Onde há um objetivo, há energia. Onde há energia, há poder. Por exemplo, quando queremos nos aquecer, se nos concentramos no elemento fogo, isso nos aquece. Quando queremos nos refrescar, se nos concentramos nos elementos água ou ar, podemos nos refrescar. Isso se dá porque ao nos concentrar somos capazes de fazer com que os diversos elementos sutis se tornem mais evidentes e com poder substancial. Se usamos meios substanciais para nossos objetivos, isso sempre será impermanente, porque o objetivo é formado por conceitos, que são sempre impermanentes. Se nosso objetivo é apenas atingir poder mundano para benefício próprio e temporário e não atingir a iluminação, não interessa que objetivo tenhamos com elementos sutis e grosseiros, só seremos capazes de atingir nosso objetivo por tempo limitado e de forma limitada

As pessoas podem aumentar o poder de sua energia com intenções boas ou ruins. Se a intenção é ruim, podem prejudicar outros seres, os conquistando com o fim de apenas aumentar o próprio poder. Porém, ao utilizar a energia de seus elementos externos, eles só serão bem-sucedidos até que a energia de seus elementos internos, acumulada por várias vidas, diminua ou acabe. Alguns líderes mundiais causaram grande destruição e sofrimento com o poder de sua energia e de suas más intenções. Outros líderes mundiais, tais como Mahatma Gandhi, beneficiaram as pessoas com a energia de seus elementos puros. Aqueles que querem ajudar e confortar aos outros porque possuem boa intenção podem vir a desenvolver a energia pura da grande compaixão e renascer como bodisatvas.

Algumas vezes, a energia pura do elemento da mente pode ser perturbada de longe por uma mente cuja energia seja impura. Por exemplo, se estamos esperando um convidado cujos elementos são mais poluídos e mais poderosos do que nossos próprios elementos, a energia de sua mente pode entrar na nossa e perturbar nosso sono. Porque a energia de nossa mente é mais pura e sensível do que a dele, o desequilíbrio entre seus elementos e os nossos pode causar uma perturbação em nosso padrão habitual de sono, e podemos sonhar com o convidado ou ter insônia. Se a mente do convidado é pura como a nossa, é improvável que nossa mente seja perturbada, mas, se a energia de nossos elementos é menos poderosa do que a energia dos elementos dele, é necessário confiar num antídoto para aumentar nosso poder. Quando a energia de nossos elementos puros tem mais poder do que a energia de elementos impuros dele, ele não é capaz de perturbar nossa mente, e então não precisamos de um antídoto para dormir. Somos capazes de repousar em nossa mente equilibrada e enfim podemos beneficiá-lo.

Thinley Norbu

De acordo com os costumes mundanos, os alimentos e os remédios são o antídoto para o sono leve que é causado pela mente leve. Eles nos deixam com a mente pesada e enevoada, o que causa sono pesado. Porém, se realmente queremos aumentar o poder de nossa energia, podemos visualizar a deidade, o que fortalecerá nossa mente, e assim uma mente comum mais poderosa não poderá penetrá-la. Se praticamos meditação, podemos inalar todos os elementos a fim de que nossos elementos internos e externos se misturem inseparavelmente e nossa mente permeie tudo, se dissolvendo no espaço límpido. Ao tornar nossa mente mais leve e mais clara pela visualização ou pela meditação, podemos atingir poderes tais como clarividência e premonição, porém, se nos apegamos demais a esses poderes, nossa energia perde sua mobilidade. Assim, de forma contínua, sem aceitação ou rejeição, devemos usar e aumentar essa energia pura.

Há incontáveis tipos diferentes de poder, mas todos eles podem ser classificados em duas categorias: poder intelectual comum e poder da inteligência nobre. Se temos mentes estreitas comuns, é adequado que os outros usem o poder intelectual dos elementos pesados e impuros conosco, porque não podemos entender o que é profundo, claro e vasto. Não adiantará usarem o poder inteligente dos elementos sutis e puros diretamente conosco, porque nossos recipientes são pequenos demais para os reterem. Com nossas mentes estreitas comuns não podemos imaginar o sentido profundo, a visão à distância ou o que acontecerá no futuro, porque nosso alvo é limitado ao benefício temporário e imediato apenas para nós mesmos à custa dos outros.

É como sacrificar a vaca que nos dá leite todos os dias para fazer uma única refeição.

Pessoas nobres e inteligentes não usam ou aceitam o poder intelectual comum, porque para elas é muito estreito e muito pequeno, muito raso e muito rígido, muito unilateral e muito fixado no tempo. Se aceitamos o poder comum, nossas mentes não serão vastas. Sem uma mente vasta, não haverá grande poder, e apenas com grande poder poderemos nos adaptar às muitas faculdades diferentes dos seres individuais, agir no momento certo, se retirar no momento certo, liberar no momento certo, ajudar no momento certo e desenvolver no momento certo.

As pessoas que não têm o nobre poder inteligente muitas vezes usam a política mundana em grupos espirituais. Porque aqueles que querem estudar ou aprender geralmente precisam de uma tradição, costumes sociais e política, as instituições do Darma não podem se estabelecer sem alguma dependência nessas coisas. Porém, se queremos realmente tornar as instituições do Darma puras, precisamos confiar apenas temporariamente nos elementos pesados dos costumes da sociedade para, por fim, superá-los nos elementos leves da sabedoria sem costumes. Se apenas acreditamos em usar o poder dos elementos impuros para nos beneficiar, automaticamente criaremos hierarquias que impedem os outros, de uma forma sutil ou grosseira, de serem iguais. Então, aqueles que internamente desejam se elevar para um nível mais puro são forçados a usar de poder externo, na dependência de instituições mundanas para seguir em frente. Finalmente, como resultado desse tipo de estilo hierárquico comum em que aqueles no topo tentam manter os outros na posição mais baixa, a mente de todos os envolvidos se torna pesada.

Pessoas de mente comum que tentam captar a mente dos que estão em um nível superior têm uma intenção respeitosa, não uma intenção evolucionária. Se a intenção de nossa mente é capaz de se conectar com o poder natural, puro e vasto da luminosidade, confiando externamente nos costumes sociais e, internamente, na essência de pura e leve dos elementos, é possível criar uma energia maior e mais pura. Mesmo que usemos apenas o poder intelectual comum, quando encontramos pessoas que dispõem do puro poder nobre inteligente, automaticamente temos um sentimento de expansão, em vez de um sentimento de rejeição ou de confinamento a uma posição inferior. Dessa forma, alguns meditadores puros e talentosos criam um campo de êxtase em torno de si mesmos com seu poder espontâneo luminoso, e usam seus elementos puros para ajudar os outros a atingir o mesmo nível e assim se unir a eles na mesma mandala e na mesma mente.

Respeito

Prostro-me e presto homenagem
À terra da sabedoria perfeitamente
nobre, imaculada e secreta.

A essência de todas as boas maneiras e da polidez é o respeito. Nos tempos antigos, quando as qualidades interiores puras eram naturalmente respeitadas e consideradas muito nobres, as pessoas se tornavam reis, rainhas e aristocratas devido à sua polidez e boas maneiras de essência pura. Sua integridade natural era respeitada pelas pessoas com mentes puras e, assim, elas mantinham essa linhagem de costumes puros por muitas gerações, não importando o quanto as circunstâncias mudassem.

Nossa essência de nobreza natural é pura desde o princípio, mas nos tempos modernos nossos elementos interiores ficaram obstruídos e nos falta refino sutil, por isso não conseguimos mais nos conectar com nossa linhagem de nobreza natural. Em vez disso nos apegamos a circunstâncias grosseiras impermanentes, e quando essas circunstâncias mudam, nosso comportamento muitas vezes se torna grosseiro, arrogante e instável. A nobreza verdadeira é como o ouro, que é sempre inalterado pelas circunstâncias. Mesmo que você o queime, ele ainda é ouro; se você o cortar, ele ainda é ouro; mesmo que você o reduza a pó, ele ainda é ouro.

Quer tenhamos nascido na aristocracia, ou tentemos nos tornar nobres através de riqueza, poder e prestígio, não teremos hábitos de nobreza interior puros e inalteráveis a não ser que os tenhamos acumulado por meio de carma anterior. Se não temos o hábito de respeitar profundamente a essência pura inalterada das boas maneiras da sociedade, mas apenas superficialmente nos adaptamos a ela em sua expressão impermanente grosseira, utilizamos mal nosso poder e posição e, devido a essa miopia, acabamos nos tornando apenas aristocratas artificiais e duvidosos.

Nos dias de hoje, os povos de países pobres de substância muitas vezes têm desprezo pela nobreza, porque incorretamente associam a essência nobre verdadeira às ações impuras grosseiras da falsa aristocracia. Os povos de países poderosos de substância não reconhecem as verdadeiras qualidades nobres porque, devido à mente de hábito de máquina da tecnologia, se tornaram impacientes demais para aprender o respeito. Porém, as pessoas de todos os países tentam encontrar qualidades nobres tais como honestidade, bondade, coragem e generosidade ao escolher seus líderes, porque elas compreendem que o respeito cria harmonia e compreensão entre os seres.

Se dependemos de elementos grosseiros impuros e da substância inerte, nosso poder externo pode aumentar enquanto nossos elementos internos puros diminuem; então o respeito verdadeiro se perde e há desarmonia e violência. Quando temos hábitos materiais, só respeitamos o que utilizamos durante o uso. Se vemos pessoas sublimes, talvez as respeitemos temporariamente, mas não de forma profunda e inalterada em nossos corações. Não podemos apreciar ou nos beneficiar de suas qualidades espirituais porque as vemos de um ponto de vista da substância, para nosso proveito apenas. Nossas mentes se tornam cada vez mais presas aos objetos artificiais e inertes de que nos ocupamos e, assim, não podemos nos conectar com sua essência verdadeira. Mas, se nosso objetivo é a iluminação, precisamos respeitar as pessoas sublimes que detêm qualidades espirituais e confiar nelas para afiar nossas próprias faculdades.

Do ponto de vista mundano, a finalidade verdadeira do respeito é mostrar que a cultura e a tradição são preciosas, e tornar-se instruído e venerável ao reconhecer suas qualidades preciosas. Do ponto de vista do Darma, a finalidade verdadeira do respeito é conectar mente a mente por meio das qualidades internas puras insubstanciais a fim de desenvolver qualidades externas puras substanciais, que, por sua vez, criam mais qualidades internas puras insubstanciais.

Há muitas formas de respeito nas expressões de corpo, fala e mente, mas, se a fonte do respeito não for a mente, a expressão de nosso respeito será falsa. É por isso que Shakyamuni disse "Todos os fenômenos naturalmente existem na mente. A mente é primária e existe antes das ações de corpo e fala. Aquele que fala e age com a mente pura está sempre feliz, assim como as sombras nunca se separam de sua fonte."

Muitos professores dizem que só respeitaremos o Darma com a mente se também o respeitamos com o corpo e a fala, mas há pessoas que respeitam o Darma com seu corpo e fala e ainda assim são desrespeitosas com a mente. Por exemplo, quando nosso professor está no templo e nos ajoelhamos à frente do altar, mas esticamos as pernas assim que ele se retira, isso é desrespeitoso. Quando nos dirigimos a nosso professor como Mestre ou Sua Santidade, mas falamos dele para os outros usando um apelido, isso é desrespeitoso. Essas duas expressões de corpo e fala mostram o desrespeito de nossa mente impura. Onde há respeito artificial, não há polidez verdadeira, nem nobreza pura.

Para mostrar respeito de forma consistentemente profunda e sutil, precisamos purificar nossas mentes. Assim, nosso respeito não terá duas caras. É sempre melhor examinar a mente antes de automaticamente dizer que respeitamos alguém, lembrando que o respeito verdadeiro sempre vem da mente. Se as regras externas tradicionais de respeito pelo corpo e pela fala são ensinadas de forma rígida, sem meios hábeis, podemos ficar com medo de desobedecer ou trair a tradição. Quando nossas mentes têm medo, os elementos internos puros e leves se tornam congestionados, e reagimos nos tornando selvagens, rebeldes e desrespeitosos. Se aprendemos o respeito interno da boa intenção, que existe dentro da essência pura e leve dos elementos, então a expressão de nosso corpo e fala será aberta, pura e desobstruída e nosso respeito será sempre contínuo.

O respeito de uma pessoa é o desrespeito de outra pessoa, e o desrespeito de uma pessoa é o respeito de outra pessoa. O estilo modesto e disciplinado de algumas pessoas é desrespeitoso com o estilo pretensioso e de mente aberta de outras pessoas. Algumas vezes o estilo pretensioso e de mente aberta de algumas pessoas é desrespeitoso com o estilo modesto disciplinado de outras.

Thinley Norbu

Porque a intimidade vem do amor e da confiança, se nos escondemos e nos distanciamos de nossos amigos próximos, usando com eles expressões formais de respeito que apenas usaríamos com estranhos, isso é desrespeitoso com o respeito da intimidade. Se usamos expressões privadas íntimas de respeito com estranhos em público, isso é desrespeitoso com o respeito da formalidade. Expressões que não são desrespeitosas em privado podem ser desrespeitosas em público. Por exemplo, se devido a nosso hábito de privacidade, deitamos e peidamos em meio a estranhos, então isso não é apropriado e é desrespeitoso.

Se usamos gírias frequentemente, isso pode ser desrespeitoso com o estilo literário dos eruditos e filósofos; se usamos linguagem prolixa e complicada, isso pode ser desrespeitoso com a linguagem desobstruída natural dos santos, que é como um espelho. Se escrevemos incontáveis explicações de forma analítica e elaborada, e não podemos sintetizá-las em sua essência, isso é desrespeitoso com estilo dos eruditos, dos filósofos e dos santos.

Quando alguém está dando conselhos com boa intenção, é desrespeitoso não responder "entendo". Mesmo que já saibamos o que estão tentando nos dizer, é desrespeitoso dizer "eu já sei" em vez de "obrigado". Se usamos sátira e sarcasmo com a intenção de beneficiar os outros, isso pode parecer desrespeitoso para alguns, mas na verdade é respeitoso. Se usamos polidez e fala suave para elogiar outros com a intenção de beneficiar a nós mesmos, mesmo que externamente isso pareça respeitoso, na verdade, é um artifício desrespeitoso.

Se ensinamos o Darma para pessoas que não têm a capacidade ou o desejo de entendê-lo, isso é desrespeitoso com o Darma. Se ensinamos o Darma para pessoas que já o entendem, isso é desrespeitoso com aqueles a quem estamos tentando ensinar.

O respeito pela prática de alguns alunos que vagam como ciganos parece desrespeitoso para alguns praticantes mais recatados. O respeito pelo Darma de alguns monges recatados em retiro parece desrespeitoso para alguns eruditos de religião ou de filosofia, que acham que o monge não está realmente fazendo coisa alguma. Algumas pessoas em retiro respeitam o retiro, mas não têm respeito pelos seres humanos ou pelos animais. O respeito e o desrespeito sempre dependem da intenção pura dos elementos internos.

Se somos monges e não temos uma mente natural que seja moral ou nos falta cansaço com relação ao samsara, e, ainda assim, tentamos cumprir nossos votos externamente com a expressão de certas ações de corpo e fala, apenas com o fim de ganhar o respeito das pessoas, nos tornamos monges de academia militar, o que é desrespeitoso com os monges puros.

Se não reconhecemos a Dakini de Sabedoria de nossa própria luz interna e apenas respeitamos dakinis de fenômenos grosseiros enquanto nos justificamos com base no sistema tântrico, nos tornamos iogues afrodisíacos, o que é desrespeitoso com o iogue puro.

Se não praticamos o Darma, mas apenas falamos continuamente sem fé em nosso professor sobre seus ensinamentos, suas iniciações, sobre nossa prática e nossos retiros, criando uma lista de compras do Darma, então nossas mentes impuras se tornam constipadas e acabamos com "hemorroidas de Darma", o que é desrespeitoso com o verdadeiro praticante do Darma e com o Darma puro.

Se não acreditamos no nirvana pacífico por meio da aversão ao samsara, então isso é desrespeitoso com ensinamento hinayana. Mesmo que acreditemos no extremo do nirvana pacífico por aversão ao outro extremo do sofrimento no samsara, isso será ainda desrespeitoso com os ensinamentos mahayana, porque assim abandonamos todos os seres sencientes no samsara para apenas permanecer no nirvana para nosso benefício próprio. Mesmo que tenhamos respeito pelos sistemas hinayana e mahayana, se não temos meios hábeis para rapidamente transformar as condições do samsara na Deidade de Sabedoria, isso será desrespeitoso com o sistema vajrayana.

Quem reza para deidades femininas como Tara é desrespeitoso com o sistema hinayana. Quem discrimina entre os seres sencientes, sejam eles homens ou mulheres, insetos ou humanos, sem reconhecer a natureza de buda inerente neles, é desrespeitoso com o sistema mahayana. Quem não aceita que a Deidade de Sabedoria está além de nossa mente comum e, assim, não faz ofertas puras é desrespeitoso com o sistema tântrico externo. Quem não compreende que a natureza pura da mente é livre de atividade mental e não estabelece a própria mente como sendo grande vacuidade é desrespeitoso com o ensinamento madhyamika. Quem não compreende a natureza pura dos fenômenos do samsara e do nirvana e não é capaz de reconhecer que o gesto de sabedoria permeia tudo é desrespeitoso com o ensinamento mahamudra.

Quem observa que não há diferença entre a semente, que contém todos os elementos de forma dormente, e seu resultado é desrespeitoso com o fazendeiro comum. Quem não estabelece a verdade relativa e a verdade absoluta como separadas, quem não abandona o samsara para aceitar o nirvana e quem não observa que a semente e seu resultado são diferentes é desrespeitoso com o ensinamento da filosofia religiosa geral. Quem não estabelece que as verdades relativa e absoluta são inseparáveis, quem não pratica que samsara e nirvana são inseparáveis e quem não determina o resultado como vindo da semente e a semente como vinda do resultado fazendo com que não exista separação entre as duas coisas é desrespeitoso com o ensinamento da grande perfeição.

O respeito do Darma, que depende de nossa Mente de Sabedoria ilimitada, é desrespeitoso com o respeito do samsara, que depende da mente dualista. Se sempre respeitamos os modos do samsara, não somos capazes de liberar nossa mente rígida limitada nas qualidades puras e leves do respeito verdadeiro. Porém, temporariamente, enquanto tivermos o fenômeno da verdade relativa e não respeitarmos os costumes do samsara, não seremos capazes de revelar o modo do Darma.

É por isso que Buda Shakyamuni disse "Tudo que beneficia os seres sencientes beneficia os Vitoriosos. Da mesma forma, tudo que prejudica os seres sencientes prejudica os Vitoriosos. Assim, eu e os seres sencientes partilhamos do mesmo sofrimento e da mesma felicidade." Isso não significa que o Buda tenha uma mente dualista como a dos seres no samsara, partilhando de felicidade e infelicidade, mas sim que, de acordo com a verdade relativa, ele não é capaz de guiar os seres às qualidades do nirvana sem se manifestar para os seres do samsara.

Se desejamos verdadeiramente mostrar respeito, a melhor prática é aceitar uma doutrina que seja complementar em relação às nossas faculdades, pelo menos até que tenhamos transformado a conceptualização em manifestação da sabedoria, e o desrespeito dos elementos pesados e grosseiros com o respeito dos elementos leves sutis, que está além tanto do respeito quanto do desrespeito, em nossa própria essência pura e secreta.

> O latido alto de um cachorro paranoico
> é desrespeitoso com os ladrões,
> mas respeitoso com o dono.
> Líderes mundiais obedientemente imersos
> em luxo são desrespeitosos com os fenômenos gerais da sociedade, mas respeitosos com
> suas esposas autocentradas e controladoras.
> Professores espirituais ambiciosos sem
> realização são desrespeitosos com o ponto
> de vista budista puro, mas respeitosos
> com os patrocinadores ricos.
> As flores que um bodisatva envia após receber
> flechadas são desrespeitosas com os costumes
> mundanos impuros, mas são respeitosas com
> o costume puro do bodisatva.
> O gesto de equanimidade imaculada do Buda é
> desrespeitoso com todas as mentes dualistas
> neuróticas que separam a verdade relativa da
> absoluta, mas é respeitoso com a Mente de
> Sabedoria não dual, na qual verdade absoluta
> e relativa são inseparáveis.

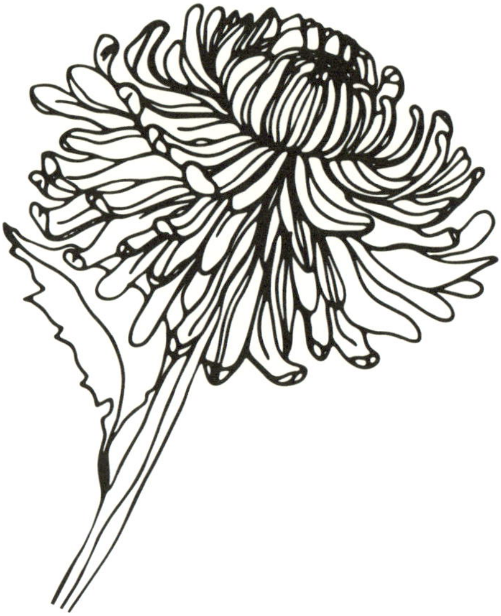

Tradição

> *Não há comunicação na verdade
> relativa sem que se compreenda
> todos os sistemas e ideias; possa eu
> me adaptar ao sistema de cada um,
> desejando o benefício de todos.*
>
> *Não há liberação na verdade
> absoluta sem o desprendimento
> perante todos os sistemas e ideias;
> possa eu não me adaptar ao sistema
> de ninguém e ir além do desejo
> pelo benefício.*

No universo inteiro não há acordo com relação a uma única tradição, mas todos os seres, dos pequenos insetos aos praticantes sublimes, dependem de alguma tradição para atingir seus objetivos. Sem que existam diferentes tradições, não é possível haver base para a compreensão ou para a associação entre os seres; há apenas obstáculos, caos e miséria. Ainda que grupos diferentes sigam tradições diferentes, todas as tradições dependem da energia dos cinco elementos e surgem por meio das combinações diversas dos elementos grosseiros e sutis. Mesmo assim, porque cada tradição tem uma energia individual que corresponde às faculdades individuais dos seres, aos seres é difícil cruzar de uma tradição para outra.

Por exemplo, as aranhas têm uma tradição independente, então vivem solitárias. Com base em seus elementos desenvolveram uma energia e tradição particulares que as protegem e, ao mesmo tempo, lhes proveem alimentação. A aranha não tem uma tradição de serviçais, ela se sustenta por si mesma com a energia de seus meios hábeis, prendendo insetos de outra tradição que caem em sua teia. Se a aranha mantém sua tradição, ela está sempre confortável mesmo quando muda de localização; ainda que o local seja diferente, a teia é a mesma. Se, entretanto, ela tenta mudar de tradição e viver num formigueiro, isso não vai funcionar, porque as formigas são detentoras de uma tradição de grupo diferente, que é nociva para as aranhas.

Como as formigas têm uma tradição de grupo, elas vivem em colônias. Elas possuem uma energia complementar que vem de sua interconexão cármica, assim, com a cooperação do grupo, elas são capazes de até mesmo carregar alimentos maiores que seu próprio corpo. Se mantêm sua própria tradição, isso é confortável para suas vidas, se, entretanto, a abandonam e seguem a tradição de algum outro ser, isso é prejudicial para suas vidas. Mesmo se cem colônias de formigas vão ao encontro de uma aranha, todas ficarão presas na teia. Estamos, é claro, falando sobre a tradição geral das formigas, não das formigas gigantes africanas.

Mesmo entre as tradições mundanas, não há acordo com relação a um mesmo tema. É bom comer em silêncio, numa mesa redonda com garfos e facas, seguindo a tradição polida de alguns países ocidentais, e também é bom comer fazendo sons de deleite, sentado numa almofada com pauzinhos, seguindo tradição polida de alguns países asiáticos. Porém, se somos apegados à tradição, quando trocamos os garfos pelos pauzinhos, os achamos desconfortáveis e temos dificuldade de fazer sons de deleite com a boca; e quando trocamos os pauzinhos pelos garfos, é difícil segurá-los e ficar em silêncio.

A tradição positiva de um país é a tradição negativa de outro. Por exemplo, nas tradições de alguns países, se você arrota quando come, isso quer dizer que está satisfeito, e seu anfitrião exclama "que maravilha!" Em outros países, se você arrota durante uma refeição, seu anfitrião pode se sentir insultado, e você dirá "me desculpe!" Então há duas expressões diferentes correspondentes ao hábito tradicional para um só arroto.

De acordo com os costumes sociais de alguns países em que as pessoas desde criança são guiadas pela livre expressão, as pessoas são tidas como misteriosas se não se comunicam de forma direta. De acordo com os costumes sociais de outros países, as pessoas são consideradas presunçosas se falam de forma direta. Assim há dois juízos diferentes de acordo com o hábito tradicional para uma só maneira de falar.

Se apreciamos tradições, o único método é arrotar diante daqueles que apreciam arrotos e não arrotar diante daqueles que não apreciam isso; apenas arrotar de forma temporária até ficar satisfeito, sem aceitar ou rejeitar qualquer hábito de arrotar, porque não há benefício último em arrotar ou não arrotar durante uma refeição. O mesmo é verdade com relação a falar. O único método é falar diretamente diante daqueles que apreciam isso e ficar quieto diante daqueles que não apreciam, sem aceitar ou rejeitar os hábitos de falar ou de não falar.

Mesmo com relação ao Darma, até que o dualismo das energias do elemento grosseiro e sutil se resolva numa essência secreta única, diferentes povos seguirão tradições diversas. Por exemplo, é tradição para os taoístas chineses praticantes do T'ai Chi Ch'uan manter o ânus relaxado a fim de aumentar o fluxo natural de sua energia pura. E é tradição dos praticantes da Ioga Tântrica Interior manter seu ânus fechado para manter o ar do vaso internamente e assim aumentar a energia pura.

Na tradição hinayana, dizem que aqueles que são apegados às mulheres nunca atingirão a liberação. De acordo com o caminho hinayana, considera-se que as mulheres sejam a fonte das paixões e obstáculos para o caminho da moralidade. Por essa razão muitos praticantes do hinayana se tornam monges e evitam as mulheres. Na tradição tântrica interna é dito que aqueles que não recorrem a mulheres nunca atingirão a liberação. De acordo com o caminho tântrico, as mulheres são a fonte do fenômeno de sabedoria e o suporte do êxtase sem desejo que surge por meio do desejo, assim muitos santos revelaram que elas devem ser buscadas como consortes.

As diferentes tradições são adequadas para faculdades diferentes, então o único método é aceitar o que desejamos, de acordo com nossas faculdades, seja a tradição hinayana ou a tradição tântrica, ou as duas. Se temos medo de mulheres, podemos aceitar a disciplina do hinayana; se as amamos, então podemos aceitar o complemento externo da consorte de sabedoria interior da tradição tântrica; ou podemos aceitar ambas as tradições, se somos capazes de transmutar os diferentes aspectos em uma essência única.

Thinley Norbu

Num sentido último, para a finalidade da iluminação, precisamos reconhecer o espaço claro da sabedoria sem tradição, que é a fonte de todas as incontáveis tradições. Mas num sentido temporário, enquanto nossas faculdades forem obscurecidas, não poderemos rejeitar a tradição. É tradição no Darma dizer que, para que possam levar à iluminação, os ensinamentos do Buda se adaptam aos costumes mundanos. As faculdades aguçadas dos elementos puros sempre refletem o Darma puro, porém aqueles com faculdades obstruídas dos elementos impuros não podem se adaptar ao Darma puro, e assim precisam depender das tradições de fé até que desenvolvam faculdades aguçadas.

Há três tipos de fé: fé fanática, fé clara e fé racional. Se temos uma fé fanática, quando vemos uma pedra na estrada e alguém nos diz que se trata de uma deidade, rezamos para a pedra. Essa fé fanática pode funcionar, porque nosso fenômeno de pedra se transforma em fenômeno de deidade. Se temos uma fé clara, quando vamos a um templo com uma mente fresca e inocente, aceitamos os belos afrescos ou o que quer que vejamos como fenômenos positivos. Essa fé clara funciona, porque cria uma mente clara. Se temos uma fé racional, entendemos as coisas por meio da lógica e somos capazes de ver qualidades invisíveis nas qualidades visíveis. Por exemplo, se estamos no meio do oceano e vemos um pato voando sobre nós no céu, temos fé de que há terra por perto; ou se vemos fumaça nas montanhas, temos fé de que há fogo por lá.

Fé significa desejar. Se não temos fé nas qualidades nutricionais da comida, por que desejamos comer? Se não temos fé nas qualidades da roupa em proteger nossos corpos nus, por que desejamos vestir roupas? Se não temos fé, como podemos entrar em contato com nossos amantes, com nossa família, nossos amigos, nossos professores mundanos ou do Darma, ou com os costumes de nosso país? Se não temos fé, somos piores do que animais. Até mesmo as vacas têm fé na grama.

Se perguntamos às pessoas religiosas se elas têm fé em seu deus, elas dizem que sim. Se perguntamos se têm fé em seu amigo, elas dizem que não. Mas a essência da fé é o amor, então se realmente amamos nosso deus e realmente amamos nosso amigo, então automaticamente temos fé em ambos. Estamos apenas usando a fé de um jeito diferente de acordo com as diferentes tradições. Se pensamos que é bobagem ter fé em um deus porque ele é invisível, não compreendemos que a essência da fé, que é o amor, é sempre a mesma. Quando amamos, pensamos que amamos um objeto, mas o amor é inerente a nosso sujeito e apenas se reflete no objeto. Então quando o amor está presente, também a fé sempre está ali. O objeto da fé muda de um deus para um país, ou um amigo, ou um amante, de acordo com a tradição que seguimos, enquanto o benefício temporário e último da fé depende de nossa intenção com relação ao objeto.

Sem depender da tradição, não conseguimos fazer nada. Dessa forma, até que nos iluminemos, não podemos rejeitar a fé que depende da tradição. Para que haja comunicação, é sempre necessário lidar com a tradição da sociedade. Se, porém, confiamos nisso com apego rígido, devido à nossa fixação, ficamos presos à tradição.

A tradição que usamos para dirigir na rua dentro da cidade não é adequada se estamos dirigindo numa autoestrada, pois impõe limites desnecessários à liberdade. Ainda assim, alguns cidadãos rígidos da Sanga podem pensar que seu hábito de dirigir na cidade é sempre adequado para qualquer lugar, e querem usá-lo para limitar a liberdade das pessoas que preferem dirigir nas autoestradas abertas e desimpedidas de suas Mentes de Sabedoria.

Podemos dizer que a finalidade da tradição é inventar novas formas e novas qualidades mais visivelmente refinadas a fim de revelar a essência de pura luz dos elementos. Mas devido a nossos hábitos, gostamos de nos ater a apenas uma tradição determinada. Como detentores da tradição, tememos perder nosso poder mundano, não gostamos de mudar na direção de novas qualidades. Como a maioria dos governantes que dizem que querem fazer mudanças em seus governos para benefício do seu público, nunca as faremos se isso implicar a perda de nosso próprio poder. Se mudamos, nosso fenômeno muda, e se o fenômeno muda, sempre existe uma alteração no equilíbrio do poder.

O ponto de vista do Darma é tentar destruir a tradição do samsara por meio das expressões de sabedoria de meios hábeis tais como escrever, pintar, falar ou ensinar como atingir a iluminação, que está além da tradição. Mesmo assim, muitas gerações de artistas, filósofos e professores sempre se expressaram no mesmo estilo tradicional. Se escrevemos, pintamos ou dizemos algo que não está suficientemente próximo da tradição, alguns budistas rígidos imaginam que não se trata do ponto de vista budista. Eles não compreendem que a tradição budista consiste em romper as tradições impuras do samsara para atingir as mais vastas e puras tradições. A tradição, se não é pura, sempre impõe limites. Assim desde o princípio, para liberar nossa mente do hábito da armadilha tradicional do samsara, não devemos ter apego à tradição. Devemos ter uma compreensão da exibição dos muitos possíveis aspectos da tradição sem ignorar as tradições dos outros, e assim beneficiar e satisfazer os seres tradicionais do samsara. Dessa forma, ao mesmo tempo em que liberamos nossa mente da tradição, devemos brincar com ela sem aceitação ou rejeição a fim de ornamentá-la, tal como um belo pássaro e uma árvore se ornamentam um ao outro.

Se temos, enquanto artistas, a intenção limitada de expressar apenas as formas estéticas nos limites de nossa própria tradição, que vemos pelos olhos obscurecidos dos elementos grosseiros, então tudo bem para nós permanecer sempre presos no campo limitado da tradição de nosso próprio país. Se temos a intenção vasta de ser artistas sublimes, de expressar as qualidades da tradição da sabedoria ilimitada, então precisamos sair do canto sombrio de nossa tradição e ir para o centro, sem rejeitar o canto que também pertence ao centro; e ao permanecer no espaço iluminado do centro, devemos emanar desobstruidamente tantas quantas forem as formas que existem.

Se temos, enquanto filósofos, a intenção limitada de palestrar apenas na forma lógica grosseira no limite da dedução, que analisamos com a mente neurótica dos elementos grosseiros, então tudo bem para nós constantemente solidificar os limites da realidade dos fenômenos invisíveis dos seres comuns. Se temos a intenção vasta de ser filósofos sublimes, de criar qualidades invisíveis sublimes por meio da lógica visível dos seres comuns, então precisamos evitar expectativas de títulos e graduações externamente pomposas e internamente sem essência, e devemos passar pelo tesouro de sabedoria de nosso conhecimento ilimitado como um nobre rio passa por todas as universidades do universo, compartilhando o néctar de nosso conhecimento com todos os recipientes fluviais dos estudantes do mundo.

Se temos, enquanto monges, a intenção limitada de expressar formas morais nos limites de nossa própria tradição, que consideramos com a mente moral egóica de nossos elementos grosseiros, então tudo bem para nós sempre permanecer atados pela disciplina inútil da tradição de nosso próprio grupo. Se temos a intenção vasta de ser monges sublimes e aceitar a tradição ilimitada da pureza da sabedoria, então precisamos nos libertar do jardim cultivado da organização tradicional do grupo de monges e ir para a imaculada e vasta ilha da moralidade, permitindo que nossa moralidade desabroche como um lótus cujas pétalas internas e externas são puras, e cujo perfume natural e incondicional de mel emana desobstruidamente para tantos quantos seguidores-abelha existirem.

Se temos, enquanto iogues, a intenção limitada de expressar formas supersticiosas nos limites de nossa própria tradição, que visualizamos com a mente fixada de nossos elementos grosseiros, então tudo bem para nós sempre permanecer atados pelos limites da paranoia positiva. Se temos a intenção vasta de ser iogues sublimes, de cultivar a mandala ilimitada e não criada da sabedoria, então precisamos escapar das mulheres comuns que apenas reclamam e nos unirmos às qualidades livres de desejo e cheias de grande êxtase da Dakini encorpada que realiza desejos. E, então, bêbados com o vinho da sabedoria, poderemos, ao som do tambor e do sino, entoar canções de realização e despertar os seres que vagam na ignorância dos elementos pesados para a luz de sua mente natural.

Se temos, enquanto meditadores, a intenção limitada de expressar apenas formas silenciosas nos limites de nossa respiração, que inspiramos e expiramos pelas narinas obscurecidas do corpo cármico limitado, então tudo bem para nós permanecer atados pelo espaço limitado de nossas almofadas tradicionais e renascer como vacas quase totalmente silenciosas, exceto pelo mugido ocasional. Se temos a intenção vasta de ser meditadores sublimes, então será necessário liberar a mente da concentração e relaxar no espaço sem espaço, natural, límpido e infinito. Quaisquer concepções de existência e não existência que surjam, as liberamos todas até que nossos pensamentos, tais como nós de nuvem que se desfazem por si só, se tornem ornamentos luminosos da exibição sem tradição.

Thinley Norbu

Arte

> *No teatro do espelho de cristal da Mente Desperta, o artista supremo executa suas exibições mágicas; rara é a plateia com discernimento lúcido capaz de assistir a essa sabedoria.*

Toda arte é composta de elementos sutis e grosseiros. Não há como um artista se expressar sem os elementos. Quando as pessoas usam expressões tais como cabeça quente, coração frio, humor seco ou banho de água fria, isso mostra que eles naturalmente conectam os temperamentos sutis com as expressões grosseiras dos elementos. Porém, os artistas, a fim de ganhar experiência com os elementos sutis internos, que são a fonte dos elementos grosseiros externos, precisam ir além de expressar os elementos de forma óbvia. É assim que se tornam capazes de fazer arte que reflita o que as pessoas precisam.

De acordo com a perspectiva mundana, os artistas não têm o objetivo último de atingir a iluminação. Eles têm a finalidade temporária de reconhecer as emoções internas e então as expressar externamente. Artistas comuns geralmente se expressam com fins de comunicação, fama ou poder. Porque se sentem isolados, querem se conectar com o mundo externo usando a arte para benefício próprio. Porque não estão conectados com uma fonte que siga além de seu próprio intelecto ou tradição, eles não são capazes explicar para os outros, em profundidade, sobre o que é seu trabalho. Eles fazem apenas uma arte que acaba sendo como um mestre que os domina. Se não se expressam a partir da perspectiva de sabedoria, o resultado invariavelmente é a impermanência e uma diminuição de energia que leva ao sofrimento.

De acordo com o ponto de vista budista, a intenção do artista é a compaixão. Os artistas budistas criam com o objetivo de se conectar com outros seres por meio de seus elementos interiores puros e, assim, transformar seus elementos externos grosseiros em iluminação por meio dessa conexão. No sistema tântrico, os artistas expressam a qualidade da energia pura dos elementos internos externamente por meio de imagens e estátuas que representam a forma; por meio de ensinamentos, canções, poemas e música que representam a fala; por meio da dança, que representa a as atividades; e por meio das infinitas manifestações harmoniosas, que representam a mente. Porque são conectados com a fonte dessa energia pura, eles sempre podem explicar para os outros, em profundidade, o que é seu trabalho e são sempre senhores de sua arte. Por meio das intenções do artista sublime, os elementos externos grosseiros são purificados nos elementos internos sutis e se reconectam com os fenômenos internos de sabedoria. Num sentido temporário, isso provê satisfação, porque há o reconhecimento das qualidades internas na expressão interna da arte. Num sentido último, há liberação pela purificação da substância da arte sem essência na iluminação de essência insubstancial.

Thinley Norbu

A Mente de Sabedoria não pode ser vista a não ser que tenhamos olhos de sabedoria. As cores básicas naturais dos elementos puros não podem ser vistas, mas estão presentes de forma latente permeando tudo e sempre se movendo. Por meio desse movimento os diversos elementos se conectam, transformando-se em forma e cor visíveis. As cores raiz são azul, branco, vermelho, amarelo e verde. Da mesma forma que cada elemento contém todos os outros elementos, cada cor contém todas as outras cores. Assim, cada uma das cores raiz tem cinco cores subsidiárias que dependem das circunstâncias secundárias e conexões mutáveis dos elementos. À medida que se conectam e se alteram, incontáveis novas bifurcações de cor são criadas, até que se tornam tão sutis que sua relação com a cor raiz original mal pode ser reconhecida. Os olhos comuns não veem a luz natural pura. Devido à sua faculdade obscurecida, eles só conseguem ver cores estagnadas, pálidas e foscas em comparação com essas cores raiz inerentemente puras. Porém, com olhos de sabedoria, as cores fonte naturais originais são reconhecidas e, através dessa conexão com as circunstâncias das cores raiz puras, os fenômenos puros naturalmente aumentam de acordo com circunstâncias secundárias.

A imaginação dos artistas comuns pode se exaurir quando sua visão se torna mais obscurecida com relação à fonte pura e natural da cor. Porque não acreditam na essência interna invisível e pura da forma e da cor, eles precisam se remeter novamente aos fenômenos grosseiros externos que conseguem ver com olhos de elementos grosseiros, em busca de uma fonte para ideias visuais. Porém, porque confiam apenas em elementos inflexíveis grosseiros de forma e cor, suas mentes se tornam rígidas e limitadas. Seus conceitos são confusos, então, eles não criam um espaço vasto na arte, e ela se torna inflexível, sobrecarregada e bloqueada. Porque os artistas sublimes reconhecem a essência pura e invisível dos elementos, eles compreendem que a cor-fonte natural está sempre intacta, então, com base no invisível, reproduzem, vez após vez em sua arte, formas e cores dinâmicas e frescas. Porque eles têm mentes vastas e desobstruídas, sabem como criar espaço vasto em sua arte e criam qualquer fenômeno.

Dessa forma, se os artistas reconhecem a fonte dos conceitos, quando eles os expressam, a conexão entre o conceito e sua fonte não é interrompida, e assim permanece pura, fresca e leve. Porque a linhagem dos artistas depende de conceitos e os conceitos dependem dos elementos, ao compreender a fonte dos conceitos, os artistas compreendem a essência da cor. Por exemplo, se o artista compreende o conceito da raiva, ele sabe que sua fonte é o elemento fogo, que pode ser expresso pela cor vermelha. Se compreendem o desejo ou o nervosismo, sabem que sua fonte é o elemento água ou ar, que podem ser expressos por meio do movimento. Se esse movimento é deprimido ou frustrado, então a cor adequada é o azul ou verde; se é eufórico, a cor é luminosa e límpida. Se o artista compreende a mente indiferente ou nebulosa, ele sabe que a fonte dela é o elemento terra e pode expressar calma, torpor, ou qualidades pesadas numa pessoa ao usar uma cor amarela pálida. A cor de cada elemento depende do equilíbrio dos outros elementos que existem nele de forma velada. Por exemplo, o solo que possui elementos complementares e que não depende de fertilizante para seu frescor, muitas vezes é de uma cor vermelha escura.

Se os artistas não percebem os elementos, cores, sons e movimentos puros dos elementos sutis e leves inerentes aos elementos grosseiros externos, eles não conseguem capturar a essência do que quer que desejem expressar ou representar. Se acreditam apenas no visível e negam o invisível, não expressam a vitalidade da vida, cuja fonte está dentro da luz invisível, e assim sua arte será estática e sem vida.

O artista sublime, da mesma forma que o visualizador sublime, vê os fenômenos do ponto de vista sublime da verdade relativa propriamente dita, que não separa o sutil do grosseiro e o visível do invisível. O artista é como o visualizador, mas o artista usa meios substanciais para tornar o invisível evidente, enquanto o visualizador usa meios sutis para tornar o invisível evidente. A finalidade dos dois é atingir o invisível por meio do visível.

Se artistas querem representar algo, eles precisam primeiro examinar os elementos visíveis grosseiros da forma, a fim de mostrar os elementos sutis invisíveis do objeto a ser representado. Com a confiança que vem da experiência dos elementos sutis, os artistas sublimes podem compreender os elementos grosseiros e brincar espontaneamente. Não precisam julgar entre verdade e fantasia, porque do ponto de vista sublime da verdade relativa propriamente dita, a fantasia insubstancial sutil e a realidade substancial grosseira que existem na mente deludida são igualmente falsas. Por esse motivo, os artistas não precisam se preocupar se expressam o que é verdadeiro ou o que é falso. Se apenas representam tudo como arte, isso com certeza terá seu lugar.

Na tradição budista, a arte pode ser feita para expressar o feio ou o belo, o calmo ou o turbulento. Artistas sublimes que reconhecem as necessidades de outros seres são capazes de combinar os elementos turbulentos ou os elementos calmos para alcançar um resultado apropriado às circunstâncias. Se é necessário um antídoto para a depressão causada por euforia, o artista sublime pode fazer coisas tristes ou feias para nos lembrar do cansaço do samsara, usando imagens que expressam aspectos tristes ou feios da existência. A intenção é um aviso compassivo, como a raiva protetora de um pai ou mãe, que ajuda a fazer reconhecer e sentir repulsa por uma forma de renascimento resultante de más intenções como a raiva e o ódio. Se é necessário um antídoto para a euforia causada pela depressão, o artista sublime pode fazer coisas belas ou agradáveis. Imagens belas são feitas para nos ajudar com bons hábitos e para proteger as pessoas das intenções negativas por meio do reconhecimento da perfeição.

De acordo com o sistema tântrico, há incontáveis manifestações, e todas elas podem ser abordadas em termos de dois aspectos: o pacífico e o irado. Esses aspectos se originam do Darmakaya, ou espaço límpido.

De acordo com a Mente de Sabedoria, o aspecto pacífico surge da natureza inerentemente desobscurecida da essência luminosa dos elementos puros terra e água, que são inseparáveis desde o princípio. Essa essência de sabedoria pura tem a qualidade da expansão não obscurecida e ilimitada.

Thinley Norbu

Do ponto de vista da mente comum, os elementos terra e água têm as qualidades visíveis e tocáveis da forma em seu aspecto grosseiro. Mesmo assim, ainda são permeados pelas qualidades desobscurecidas ilimitadas do espaço. A natureza da forma comum é a impermanência. Quando os elementos grosseiros diminuem e suas formas decaem, o resultado é sempre o sofrimento. Ao transformar os elementos grosseiros externos em sua própria essência pura e luminosa, que é indestrutível, o sofrimento é removido. Isso pode ser aprendido ao se praticar a internalização da forma familiar das imagens externas grosseiras percebidas pelos sentidos enquanto se retém apenas sua essência de luz em mente. Por meio dessa prática, a forma grosseira é transformada e purificada em luz, tornando-se cada vez mais como o fenômeno de deidade.

A forma é expressa pelo artista tântrico nas qualidades belas de objetos desejáveis. Elas são expressas pelo artista na forma de deidades pacíficas atraentes, que representam o que os seres sencientes, por meio de sua fixação, desejam tocar. No samsara, isso resulta no êxtase comum do desejo, que é invariavelmente causa de sofrimento devido à sua natureza impermanente, mutável. Porém, quando o objeto do desejo é, por meio da visualização e meditação, purificado e transformado de substância em luz e na essência intocável dos elementos sutis, o desejo se torna livre de desejo. Assim, por meio da compaixão, o artista demonstra o caminho para o êxtase sem desejo, que está além da destruição e do sofrimento do samsara.

De acordo com a Mente de Sabedoria, o aspecto irado da deidade surge da natureza inerentemente desobstruída da essência luminosa dos elementos puros do fogo e do ar, que são inseparáveis desde o princípio. Essa essência de sabedoria pura tem a qualidade da expressão desobstruída, límpida e livre de esforço, que é característica do som puro, cuja essência é harmoniosa e leve.

Do ponto de vista da mente comum, os elementos do fogo e do ar têm qualidades que são simbólicas do som em seu aspecto grosseiro. Mesmo assim, eles ainda são permeados pelas qualidades desobstruídas e intocáveis do som puro. A natureza do som comum é a impermanência; e sendo impermanente, ele tem tendência a diminuir, o que leva ao sofrimento.

Em geral, o antídoto para a ira é a paz, assim como o antídoto para o fogo é a água. Porém, em alguns casos, os seres violentos não são purificados com formas pacíficas, e assim as formas iradas são necessárias, tal como o ferro que só é trincado por um metal mais duro, como o aço. O artista tântrico pode fornecer um antídoto para a energia violenta desses seres ao expressar a energia pura das qualidades desobstruídas da sabedoria na forma de imagens, sons e atividades iradas. Mesmo que a raiva comum baseada em aversão surja, porque a raiva está ligada ao elemento fogo cuja essência é claridade, essa claridade pode queimar o fenômeno impuro e turbulento da selva dos conceitos no fogo e ar de sabedoria puros, que são inseparáveis, revelando clareza de sabedoria.

De acordo com os ensinamentos do grande veículo, a arte sublime remove obstáculos ao quebrar as tradições samsáricas inertes e obsoletas a fim de produzir, por meio da tradição pura, o espaço livre de tradição das deidades desobstruídas. Dessa forma, ele cria incontáveis qualidades que claramente refletem o vasto espaço de sabedoria do Buda.

Os artistas sublimes sempre fornecem energia aos outros por meio de sua arte. Quando morrem, não deixam para trás uma arte comum feita de substância inerte, tal como um despojo inanimado; ao contrário, seu poder espiritual puro continua vivo em sua arte para benefício dos outros. Mesmo um detalhe, tal como a água ou uma árvore criada por um artista sublime, pode ajudar e abençoar aqueles que o percebem. É isso que o Buda Shakyamuni quis dizer quando falou: "Eu emano uma incontável variedade de formas para benefício de todos os seres sencientes." No sentido último, não somos capazes de julgar quem é o maior artista. Quem quer que forneça energia aos outros por meio de sua arte é um grande artista.

Basicamente, a estrutura do sistema do artista é a mesma, seja ela comum ou sublime. A arte vem dos elementos internos e é expressa externamente com a finalidade de ser novamente absorvida na mente interna a fim de mais uma vez aumentar externamente e assim por diante, num ciclo infindável. A diferença entre o artista comum e o sublime está no ponto de vista.

Para aqueles dotados de um ponto de vista comum, o círculo infindável é o círculo de sofrimento no samsara. Para os artistas que compreendem o ponto de vista da sabedoria sublime, a energia espiritual da luz pura se move num círculo infindável de sabedoria, uma mandala da deidade, que é inexaurível, nunca presa e nunca obscurecida. Porque a energia é pura, qualquer aspecto que se manifesta é sempre límpido. É infindável porque o nascimento-e-morte dos seres não acaba até que todos sejam iluminados.

Coisas infindáveis e horríveis do samsara
Coisas infindáveis e maravilhosas do nirvana
Todas desenhadas pela mente.

Assim, a mente é a grande artista
Que pinta as várias verdades relativas
Com o pincel dos conceitos.

Se não somos deludidos
Pelas várias cores dos diversos
    elementos naturais
Quando elas surgem no espelho
    desobstruído da mente,
Então a natureza é sempre o espaço límpido
E não há confusão.

Fenômenos diversos, um jovem príncipe
Casado com a vacuidade intocável,
Uma princesa suave e misteriosa,
De sua união alegre e inseparável
Muitas gerações de fenômenos são aumentadas
Numa exibição contínua
Para o bem-estar de seus pobres súditos.

Thinley Norbu

Isolamento

*Aquele que pode ficar a
sós na mente imaculada
é o Buda contínuo.*

*Se eu precisar de um amigo,
preciso encontrar alguém
que se adapte a mim, que
me conforte, e que seja um
apoio para minha iluminação.*

*Porém, uma única pessoa
pode causar apego e ódio,
e entre o apego e o ódio
sempre há sofrimento.*

*Então é melhor que eu me
isole como um cervo ferido.
Ó Senhor Buda, por favor
permaneça sempre em
meu coração.*

Todos os seres têm em suas mentes a semente do isolamento. Embora possamos não querer nos isolar, desde o princípio nascemos sozinhos e no fim precisamos morrer sozinhos e nos separar dos outros. Isolamo-nos se os elementos daqueles a nosso redor não complementam os nossos. Nossas mentes contêm elementos tanto puros quanto impuros, que estão sempre aumentando ou diminuindo. Isolamo-nos quando os elementos sutis, leves e puros são mais abundantes que os elementos grosseiros, pesados e impuros, e os elementos grosseiros, pesados e impuros não podem complementar sua energia ou encontrar suporte em outros elementos grosseiros semelhantes. Isolamo-nos quando os elementos grosseiros, pesados e impuros são mais abundantes do que os elementos sutis, leves e puros, e os elementos sutis, leves e puros não podem complementar sua energia ou encontrar suporte em outros elementos sutis semelhantes.

Pode haver isolamento com intenção ou sem intenção. Alguns seres comuns que não têm a intenção de serem violentos nesta vida se tornam isolados sem intenção, porque devido ao resultado cármico de sua intenção violenta em vidas anteriores, nascem com elementos grosseiros prejudiciais e não complementares e energia violenta, o que faz com que todos os abandonem. Alguns animais selvagens são assim. Outros animais fogem deles ou tentam se reunir para aniquilá-los. Não há benefício nesse tipo de isolamento, por esse motivo, ele é sem sentido e muito triste. Temporariamente, apenas causa sofrimento, porque a energia desses seres não pode ser complementar aos elementos dos outros, e no final traz apenas sofrimento, porque não há apoio para que eles mudem e se conectem com fenômenos positivos.

Seres que são geralmente violentos só podem mudar na dependência da ajuda de seres muito bondosos e gentis. Algumas vezes, no entanto, se eles não são poderosos o bastante, os elementos leves dos seres gentis podem ser prejudicados pelos elementos mais pesados de seres violentos, da mesma forma que uma planta jovem cheia de frescor é danificada quando nela se joga água fervendo. Mas, se, devido à experiência prévia, a energia dos elementos leves e puros dos seres gentis é mais poderosa do que a energia pesada violenta dos elementos, eles podem ajudar e beneficiar os seres ao suavizar seus elementos mais pesados, da mesma forma que o couro pode ser amaciado com a manteiga. Se continuamente colocamos fogo por baixo da água, ela ferverá, se tornando cada vez mais turbulenta e seca, até que se exaure. Mas, se adicionamos água fria, a turbulência diminui e a água não diminui. Então, em um determinado ponto, não importa o método, os seres violentos precisam aceitar a energia e a ajuda dos seres gentis.

Alguns seres comuns se isolam sem intenção de fazer isso, apenas porque seus elementos não se vinculam mais com os elementos dos outros. Eles podem se sentir machucados como um animal ferido e precisar de isolamento para se proteger, ou podem ser velhos e incapazes de se conectar com os elementos dos outros, porque sua energia diminuiu e, estando cansados, precisam de isolamento para descansar.

Alguns seres que se isolam sem intenção são sublimes, como o Buda. Porque sua energia é totalmente leve e pura, os elementos pesados obstruídos dos seres comuns não podem complementar suas vastas qualidades. Esses seres se isolam de acordo com os fenômenos gerais comuns, mas de acordo com seu fenômeno pessoal de sabedoria, não há conceito de isolamento ou de não isolamento. Por essa razão, Buda Shakyamuni se isolou de seu reino, pois a energia comum de seus súditos não podia complementar sua energia sublime extraordinária.

Seres dotados de inteligência de sabedoria muitas vezes se tornam isolados excêntricos, porque as pessoas de mentalidade comum não podem aceitar seus fenômenos de Mente de Sabedoria. Apenas outras pessoas de mentalidade sublime podem aceitar seus fenômenos excêntricos, que para eles não são excêntricos. Por exemplo, pessoas com inteligência de sabedoria excêntrica podem ficar entediadas com infindáveis explicações de fazendeiros de mentalidade comum que dizem "arei o meu campo, plantei minhas sementes, cuidei do crescimento de minhas plantas, e quando amadureceram, as comi". Eles são capazes de sintetizar esse processo inteiro e dizer, "eu como terra". Pessoas com mentes comuns acham que isso soa estúpido, porque sua inteligência comum não pode entender instantaneamente a essência das coisas.

Se excêntricos de sabedoria dizem que a grama é manteiga, as pessoas de mentalidade estreita acham que eles estão loucos. Mas porque os excêntricos de sabedoria reconhecem que toda substância grosseira existe por meio da conexão de elementos internos e externos, eles sabem que quando as vacas comem grama, elas dão leite, que mais tarde é transformado em manteiga. Porque os excêntricos de sabedoria reconhecem todas as conexões entre os elementos visíveis e invisíveis, eles desejam expressar o que é verdade de acordo com a verdade relativa sublime propriamente dita. As pessoas com inteligência comum também querem dizer que isso é verdade, mas não entendem essas conexões, então de acordo com os excêntricos de sabedoria, eles só aceitam a verdade relativa invertida, pensando que é verdade relativa comum e propriamente dita.

Algumas pessoas com inteligência comum também são excêntricas. Muitas vezes não gostamos de mostrar nossa excentricidade porque não queremos nos isolar. Isso não significa que queremos estar com as pessoas porque temos compaixão por elas. Isso significa que, porque estamos com medo, sempre dependemos dos outros, e porque não temos a confiança para ser independentes, tememos a separação. Mesmo se a visão da minoria é correta, ainda assim mantemos a visão da maioria, por medo do isolamento.

Certa vez havia um rei que pediu a seu astrólogo que calculasse o futuro de seu país. O astrólogo previu que em uma semana cairia uma chuva que envenenaria toda a água do reino, deixando todos que a bebessem loucos. Esse rei poderoso era só um rei egoísta comum, então ele pensou apenas e em primeiro lugar em si mesmo. Para se proteger, cobriu seu poço pessoal para evitar a chuva, mas não avisou aos súditos para que protegessem sua água. Logo, como o astrólogo previu, a chuva veio e envenenou a água e todos os súditos ficaram loucos. Porque os fenômenos pessoais do rei pareciam diferentes dos fenômenos gerais dos súditos, os súditos ficaram paranoicos com relação a ele. Mesmo que as expressões dos fenômenos pessoais do rei fossem verdadeiras de acordo com a verdade relativa comum e propriamente dita, porque a mente de seus súditos estava deludida, acharam que era ele que estava louco, e que todas suas ideias, ações e palavras eram mentirosas. Então todos os súditos loucos o abandonaram, o rei ficou isolado e perdeu o poder. Mas ele temia tanto ficar isolado que bebeu da água envenenada, e, assim se conectou com as mentes loucas e deludidas dos súditos na verdade relativa invertida dos fenômenos comuns.

Pessoas excêntricas que têm confiança em sua Mente de Sabedoria não temem o isolamento e muitas vezes se isolam intencionalmente. Muitas pessoas acham que para praticarmos o Darma, precisamos nos isolar. Porém, embora santos possam temporariamente se isolar para praticar o Darma, eles não o fazem a fim de se tornar definitivamente isolados. Eles se isolam somente externamente a fim de aumentar os elementos internos vastos e puros de sua Mente de Sabedoria que realiza desejos e é possuidora de qualidades infindáveis que nunca se isolam.

Isolados e frágeis como o verme na terra, quando nascemos do útero, não nos movemos livremente, não respiramos livremente.

Isolados e arruinados como uma casa que desabou, quando damos o suspiro da morte, não nos movemos livremente, não respiramos livremente.

Entre o nascimento isolado e a morte isolada, tentamos nos unir aos outros, mas sempre nos encontramos em um grande isolamento sem sentido algum.

Quando somos crianças, somos isolados porque não podemos falar com os outros.

Quando começamos a falar, nossos pais nos ensinam a dizer "olá", o que automaticamente implica que estão nos ensinando a dizer "adeus".

Quando nos é ensinado a dizer "adeus", isso automaticamente significa partir para uma destinação sem essência, o que quer dizer isolamento.

Quando encontramos alguém, dizemos "Como vai você?", o que automaticamente significa que ainda seremos pacientes isolados em uma cama, com faces pálidas e miseráveis, nas quais verteremos lágrimas.

É tão triste porque ainda não reconhecemos que tudo naturalmente segue na direção do isolamento.

Quando amamos dizemos "te amo", o que automaticamente significa que temermos, não amamos.

Quando dizemos "te amo", estamos isolados. Dizemos "te amo" para escapar do isolamento.

Quando velhos, com olhos inchados e bocas cansadas, nos descobrimos isolados dos jovens que nos negligenciam.

Desde o tempo sem princípio até este momento, todos os seres ignorantes tentaram encontrar companhia, mas sempre acabaram isolados e sem sentido, porque desobedeceram o conselho de nossa Nobre Mãe, a Consciência Reflexiva.

Mesmo que estejamos isolados, não há sentido em nosso isolamento, da mesma forma que um cervo ferido se isola de seu rebanho temporariamente para se proteger de caçadores violentos, e também definitivamente porque lhe falta confiança com relação a onde deve ir.

Do sentimento de isolação criamos cada vez mais isolamento.

Se temos medo de estar isolados, se não queremos estar isolados, precisamos entrar em isolamento da mesma maneira que os seres sublimes dos tempos ancestrais.

Buda Shakyamuni abandonou seu reino elaborado e suas jovens companhias para, em farrapos, se isolar sob a Árvore Bodhi. Porém seu isolamento de samadi tem sentido, porque para confortar os seres sencientes a partir de seu samadi de sabedoria, ele descobriu a companhia onisciente de Buda, sempre sorrindo nas dez direções.

Padmasambhava foi banido pelo palácio de Oddiyana e ficou em isolamento em muitos cemitérios. Mas sua realização do isolamento tem sentido porque, para ajudar os seres sencientes por meio de seu fenômeno de sabedoria, ele encontrou companhia de Dakini de Sabedoria dançando em todos os universos.

Milarepa foi traído por seu tio e sua tia e, por aversão ao samsara, entrou em isolamento em uma caverna pela vida toda. Mas seu isolamento de mahamudra tem sentido porque, para beneficiar os seres por meio de seus hinos de realização, ele encontrou a face do Darmakaya em toda parte.

Longchenpa abandonou o fenômeno de rejeição impura do samsara para entrar em isolamento com apenas seu saco rústico nas montanhas nevadas a fim de enxergar o fenômeno de aceitação pura do nirvana. No entanto, seu isolamento mahasandhi tem sentido porque, para de forma inexaurível dar a joia de valor incalculável dos ensinamentos de sua Mente de Sabedoria de Céu Límpido aos seres, ele descobriu a exibição totalmente equânime de incontáveis estrelas além dos fenômenos puros e impuros de aceitação-rejeição.

Prática de Meditação

Meu avô da presença vigilante[2] precisa cuidar constantemente da criança mimada da mente deludida, a fim de salvá-la do desastre.

* * *

Muitos santos disseram que, se você realmente quer praticar, é preciso ficar num só lugar até atingir a iluminação. Ainda que eu permaneça num só lugar como eles fizeram, minha mente de fantasia voa pelas dez direções. Acho que talvez os santos estejam julgando com base em sua própria experiência e de acordo com suas próprias faculdades, porque para mim nada funciona se eu não posso atrair meu ego de águia para a jaula do samadi por meio da concentração. Então é melhor que eu voe nas dez direções, ainda que eu tenha perdido o costume social, e as pessoas me chamem de errante.

Muitos santos disseram que se você realmente quer praticar, é preciso sempre vagar por lugares incertos. Ainda que eu vague como eles disseram, mi-

---

[2] "Mindfulness" no original. (N. do T.)

nha mente de fantasia distraída se exaure nas dez direções. Acho que talvez os santos estejam julgando com base em sua própria experiência e de acordo com suas próprias faculdades, porque para mim nada funciona se eu não domo o cavalo selvagem do ego até o estábulo do samadi.[3] Então é melhor que eu fique num só lugar, ainda que eu tenha perdido o costume de cigano e as pessoas me chamem de preguiçoso.

Em vez de realmente praticar o Darma, muitas vezes apenas falamos em praticar o Darma. Quanto mais falamos sem praticar mais perdemos a energia nas palavras e mais nosso ponto de vista se perde. De acordo com o caminho budista, se somos praticantes verdadeiros, quando rezamos, fazemos oferendas ou praticamos ioga, visualização ou meditação, a essência é sempre o ponto de vista estabelecido e não obscurecido. É melhor lembrar que, para os praticantes, o ponto de vista está além da descrição.

Certa vez havia um bando de aves migrando para o sul. Seu líder disse a elas "Não façam som algum ou seremos mortos pelos seres humanos." Então todas as aves começaram a falar "Não façam som algum! Não façam som algum! Não façam som algum!", até não haver mais silêncio algum no céu. Mesmo que não haja necessidade alguma de usar palavras para descrever a realização, ainda assim cada vez mais as palavras surgem para descrever a mente sem descrição.

---

[3] Há um sentido duplo da frase original "samadhi stable" – "stable" quer dizer tanto "estável" quanto "estábulo". (N. do T.)

Os exercícios de respiração da ioga interna usam os cinco elementos inerentes ao ar, purificando os elementos grosseiros nos elementos naturalmente sutis, e então na essência secreta dos elementos. Ar de terra, ar de água, ar de fogo, ar de vento e ar de espaço podem ser usados por praticantes da ioga interna que não querem depender de remédios como antídotos para suas doenças. Um iogue pode purificar seus elementos de ar de terra impuros e estagnados ao visualizar e inalar ar fresco e puro de terra amarela. Ele pode purificar seus elementos de ar pesado e impuro de água ao visualizar e inalar ar puro de água branca. Ele pode purificar seus esfumaçados elementos de fogo ao visualizar e inalar ar puro de fogo vermelho. Ele pode purificar seus elementos de ar de vento obscurecido ao visualizar e inalar ar puro de vento verde. Ele pode purificar seus elementos impuros de ar de espaço opaco ao visualizar a forma leve intocável e inalar o ar puro e límpido de espaço azul.

Exercícios de ioga podem ajudar uma pessoa com um corpo desconfortável e mal proporcionado. Porque os elementos grosseiros pesados e visíveis são a fonte dessas qualidades, a pessoa que acredita em e depende dos elementos sutis invisíveis e leves pode temporariamente atingir um corpo confortável e bem proporcionado nessa vida atual. Quando o praticante de ioga purifica os elementos grosseiros, os elementos sutis no corpo se tornam visíveis. Mas, se ele apenas tem fé nos elementos grosseiros e sutis de seu próprio corpo e não na vasta essência secreta que permeia tudo, seu ponto de vista é limitado e, uma vez que o benefício desse exercício se limita a seu próprio corpo, ele nunca atingirá o corpo da Deidade de Sabedoria.

Mesmo sem acreditar no potencial de sabedoria secreta dos elementos, alguns ginastas que praticaram ioga, ao tornar seus corpos mais leves, mostraram ser capazes de encontrar os elementos sutis nos elementos grosseiros. Por meio de suas atividades, eles automaticamente revelam sua resistência e as capacidades vitais que existem de forma latente dentro deles e que surgem da natureza original de seus elementos. Ao aperfeiçoar seus corpos pelos elementos mais leves, eles competem e fazem jogos com outros corpos de elementos leves em frente a espectadores de elementos grosseiros, que os assistem com olhos de elementos grosseiros e lhes concedem medalhas de elementos grosseiros, com isso querendo dizer "Muito obrigado por me deixar ver seus elementos leves."

Praticantes budistas que acreditam no fenômeno da deidade compreendem que esses são leves, invisíveis, desobstruídos e que podem miraculosamente aparecer em qualquer lugar, porque permeiam tudo. Devido a isso, reconhecem o potencial secreto de sabedoria dos elementos em seus próprios corpos, e praticam com visualização, sadhana e mudra. Eles visualizam os fenômenos da deidade de essência pura com o fim de subjugar seus elementos grosseiros impuros e permitir que a essência secreta de seus elementos se manifeste. Como resultado, o corpo desta vida atual se torna bem proporcionado e confortável, e o corpo de depois desta vida se torna um corpo de Deidade de Sabedoria. Esses praticantes não recebem uma medalha de elementos grosseiros de uma plateia de elementos grosseiros. Sua única recompensa é o louvor de sabedoria e a chuva de flores de luz que budas, bodisatvas, santos e todas as pessoas sábias fazem cair sobre eles, porque seu fenômeno de Deidade de Sabedoria segue por toda parte desobstruidamente para o benefício de todos.

Se queremos atingir a fala da Deidade de Sabedoria, precisamos purificar nossos elementos grosseiros e sutis. Aqueles que fazem exercícios de respiração, ioga ou de dança são particularmente capazes de purificar seus elementos grosseiros em elementos leves, a fim de que seu som se torne ressonante e nítido à medida que seus nervos de elemento terra se tornam transparentes como o cristal. Consequentemente, seus elementos água se tornam muito puros, seus elementos ar se tornam muito leves, e suas concepções comuns são transformadas em claridade de sabedoria desobstruída. Dessa forma, suas palavras são sempre verdadeiras e significativas e muito leves. Aqueles que falam assim são natural e involuntariamente atraentes, e aqueles que ouvem suas palavras são atraídos por eles.

A fala do Buda tem incontáveis qualidades que podem ser resumidas em duas: a fala inconcebivelmente secreta e a expressão de todos os aspectos existentes. A fala inconcebivelmente secreta é tão profunda que não tem frente, verso, centro, início ou fim de acordo com a verdade absoluta. Porque não tem limite, ou tempo, ou direção, ou qualquer tipo de obscurecimento, ela está além de qualquer exame por meio de lógica e dedução. A expressão de todos os aspectos existentes inclui quaisquer palavras do Darma ou do que não é Darma, que são invariavelmente benéficas por refletir um aspecto de verdade de acordo com a verdade relativa pura e propriamente dita.

Essas duas qualidades são inseparáveis de acordo com o ensinamento do Buda. Elas não possuem um som dualista dividido, como nossas palavras comuns possuem. Porque nos separamos da essência pura dos elementos, que está contida na mente não dualista, continuamos a dividir os elementos, os tornando cada vez mais grosseiros. Então, quando nossos elementos internos e externos são subdivididos por tantas vezes que as divisões não mais podem apreender e se conectar umas às outras, a nossa fala se torna pouco confiável. Como resultado, quando elementos do objeto externo surgem, elementos do sujeito interno não estão lá; quando elementos do sujeito interno surgem, elementos do objeto externo não estão lá, e quando ambos surgem, um diminui e se torna menos poderoso que o outro. Dessa forma, tudo o que é dito se torna automaticamente pouco confiável. É por isso que em um momento dizemos: "Por favor, me diga o que posso fazer por você", e no momento seguinte dizemos "Desculpe, não posso fazer nada por você".

Na prática tântrica, os visualizadores podem usar nomes diferentes dependendo de seu caminho, tais como o corpo da deidade, a fala da deidade, a mente da deidade e a terra pura que é fonte da semente do corpo, fala e mente. Há uma sílaba chamada de Letra do Palácio da Deidade que contém incontáveis letras que surgem da mente desobstruída de consciência semelhante ao espelho. Seja ela criada ou não criada, deludida ou não deludida, porque essa sílaba é desobstruída, incontáveis letras ainda surgem dela, de forma que isso é chamado de Emanação de Letras. Tenham as circunstâncias sido reunidas ou não, se examinamos profundamente e ainda assim não podemos encontrar nenhum som, isso é chamado de Grande Letra Não Nascida e Plena de Sentido, a fonte de todas as letras infindáveis.

Seres sencientes como nós nunca usam letras não nascidas. Nossas letras sempre surgem de circunstâncias, sempre nascem e, portanto, sempre diminuem. Porque não há verdade entre nascer e diminuir, e porque, como resultado do carma, os seres sencientes não entendem os elementos que criam a fala, a Emanação de Letras se torna obscurecida e parece obstruída. Porque a verdade absoluta pura e natural está obscurecida entre nascer e diminuir, não há verdade relativa pura e propriamente dita. Então quer falemos docemente ou duramente, apenas nos expressamos sempre da mesma forma limitada, superficial, deludida e barulhenta, o que é causa de excitação, depressão ou torpor.

Toda fala surge da energia dos cinco elementos. A pronúncia de vogais e consoantes vem das atividades de diversos elementos de acordo com as diferentes línguas, os diferentes reinos de existência, e os diversos elementos cármicos individuais. São numerosos demais para se discutir aqui, mas para dar um exemplo geral: em inglês a letra *A* vem predominantemente dos elementos ar e espaço; a letra *B* vem predominantemente do elemento terra; a letra *C* vem predominantemente do elemento ar; a letra *D* vem predominantemente dos elementos terra e ar, e a letra *E* vem predominante dos elementos ar e fogo. Dessa forma, o som nasce de fontes diversas.

Se os elementos no corpo cármico não são puros, então as palavras não são claras. Por exemplo, se os nervos que estão ligados ao elemento terra não são puros, eles se tornam emaranhados e, devido a essa circunstância, o sangue, que está ligado ao elemento água, coagula e não flui suavemente. Quando o sangue é grosso e turvo, influenciado por circunstâncias externas tais como a turbulência do elemento fogo, excitação ou ansiedade, isso pode resultar em pressão alta, o que faz com que o elemento ar se torne obstruído. Quando todos os elementos se tornam turbulentos, amontoados e não complementares, a língua se torna rígida e não pode se mover de forma adequada. Quando o sangue sobe à garganta, se os elementos de fogo estão muito quentes, a voz se torna áspera, e embora seja possível falar, o som não é suave. Se as veias, que estão ligadas ao elemento terra, não forem regulares, elas incham. Como resultado, as aberturas para os elementos água e ar se tornam bloqueadas, e as pessoas se tornam mudas.

Se os elementos são equilibrados e leves, o sangue e os elementos do ar fluem de forma suave e a voz é melodiosa. Aqueles em que o elemento ar é puro têm um tom particularmente bom ao cantar ou falar, embora a qualidade de suas palavras ainda dependa de suas qualidades espirituais interiores. Se eles têm elementos espirituais internos puros e sutis, tudo o que dizem é significativo e belo, sempre semelhante à poesia e canção.

Claro, se desejamos, de acordo com nossos fenômenos pessoais e nossas faculdades individuais, podemos escolher qualquer sistema ou tradição de prática que quisermos ou necessitemos, e que esteja disponível nos fenômenos gerais. Entre essas tradições e textos, alguns têm um ponto de vista simbólico que ensina a visualização de cores, formas, sinais e símbolos. A finalidade real desse ponto de vista simbólico é revelar, por meios hábeis, a essência interna da expressão de sabedoria da deidade. Então, ainda que tenhamos uma bengala na mão, ela pode se tornar uma espada de sabedoria. Ainda que não tenhamos nada na mão, mesmo assim há uma espada de sabedoria que espontaneamente corta a rede residual de concepções contraditórias neuróticas da mente deludida e dualista.

No samsara, uma única ferramenta não é capaz de penetrar todo e qualquer lugar. Os muitos aspectos dos elementos grosseiros demandam muitas ferramentas diferentes, assim o Buda manifestou muitas ferramentas, não apenas uma espada ou um único símbolo, mas espadas sem limites. Criamos um limite se confiamos completamente em uma faca tangível ou num vaso quebrável. Mas a sabedoria nunca é limitada. Usamos sadhanas e textos específicos para realizar a exibição de sabedoria desobstruída ilimitada. Se não usamos as armas de nossa própria sabedoria inerente, é preciso que nos fiemos em armas simbólicas para destruir as obstruções. Mas as armas simbólicas são limitadas. Se realizamos a arma de nossa sabedoria inerente, somos capazes de penetrar qualquer lugar sem a necessidade de meios elementares grosseiros e limitados.

De forma geral, os budistas praticam para domar suas mentes. Eles meditam a fim de purificar os elementos grosseiros e pesados em elementos sutis e leves e depois em sua essência pura e secreta, a fim de não permanecer num espaço vazio e opaco. Os budistas desejam conhecer, por meio da meditação, a imaculada Mente da Sabedoria Desperta, que tem qualidades desobstruídas, puras e leves.

No caminho da meditação, é possível que tenhamos a experiência de êxtase em nossos corpos. Essa experiência de êxtase é predominantemente uma mistura de êxtase com desejo, que tem a energia potencial do elemento água. Se nos apegamos à experiência de êxtase, renascemos no reino de desejo dos deuses. Esse apego da mente obscurecida ao êxtase tem a energia potencial sólida do elemento terra. Porém, se não nos apegamos à experiência de êxtase, mas continuamos a utilizá-la como um suporte para atingir o corpo de sabedoria indestrutível, os elementos terra e água se tornam cada vez mais leves e mais puros, e o corpo se torna mais leve, refletindo o potencial de nosso crescente êxtase interno. Por meio do poder puro natural do êxtase de sabedoria e da sublime forma leve, os elementos impuros e conflituosos do desejo dos seres, especialmente dos seres do reino dos deuses, são purificados e são automaticamente atraídos para um estado extático de luminosidade vazia. Gradualmente, à medida que a distinção entre os elementos água e terra desaparecem, temos a experiência do êxtase sem apego.

No caminho da meditação podemos ter a experiência de clareza em nossa fala. Essa experiência de clareza é predominantemente uma mistura de clareza e raiva, que tem a energia potencial do elemento fogo. Se nos apegamos a essa experiência de clareza, renasceremos no reino da forma dos deuses. Esse apego da mente obscurecida à clareza tem o potencial de energia ativa do elemento ar. Porém, se não nos apegamos à nossa experiência de clareza, mas continuamos a utilizá-la como um suporte para atingir fala de sabedoria livre do desejo, os elementos fogo e ar se tornam cada vez mais leves e cada vez mais puros e nossa fala se torna mais melodiosa, refletindo o potencial de nossa crescente clareza interior. Por meio do poder puro natural da clareza de sabedoria e da fala sublime e melodiosa de sabedoria, os elementos impuros e conflituosos da raiva dos seres, especialmente dos seres do reino dos deuses, são purificados e são automaticamente atraídos para um estado de imaculada vacuidade luminosa. Gradualmente, à medida que a distinção entre os elementos fogo e ar desaparecem, temos a experiência da clareza sem apego.

No caminho da meditação podemos ter a experiência de vacuidade em nossa mente. A experiência de vacuidade é predominantemente uma mistura de vacuidade e ignorância que tem a energia potencial do elemento espaço. Se nos apegamos a essa experiência de vacuidade, renasceremos no reino sem forma dos deuses. Porém, se não nos apegamos a essa experiência de vacuidade, mas continuamos a utilizá-la como um suporte para atingir a Mente de Sabedoria de Consciência Autorreconhecedora, o elemento espaço se torna cada vez mais leve e cada vez mais puro, e nossa mente se torna temporariamente sublime, refletindo o potencial de nossa crescente vacuidade interior. Por meio do poder puro natural do espaço de sabedoria e da mente sublime não nascida, os elementos impuros e conflituosos da ignorância dos seres, especialmente dos seres do reino dos deuses, são purificados, e assim eles são automaticamente atraídos para um estado de vacuidade consciente sem delusão. Gradualmente, à medida que a distinção entre elementos externos e internos desaparece, temos a experiência da vacuidade sem apego.

No interior da energia dos elementos há concepções grosseiras e sutis. As concepções grosseiras estão ligadas aos elementos grosseiros pesados, e as concepções sutis estão ligadas aos elementos sutis leves. De forma geral, quando meditamos, observamos a mente e podemos reconhecer diretamente as concepções grosseiras por meio de sentimentos e paixões, à medida que esses surgem. Ao reconhecer as concepções grosseiras, podemos nos libertar delas. Na meditação, quando pensamos que estamos tendo menos concepções, geralmente são as concepções grosseiras que estão diminuindo, enquanto uma corrente subterrânea das sutis continua a se mover sem ser reconhecida, como a atividade sutil dos córregos sob a superfície parada de um lago coberto com cascas de grãos. Porque é tão difícil de ser reconhecida, a atividade sutil da mente é sempre perigosa e é a semente das paixões, que criam os fenômenos grosseiros. Para purificar essas concepções elementares sutis, praticantes iniciantes precisam confiar na mente da lembrança ou presença vigilante.

De acordo com os vários ensinamentos, todos os tipos de presença vigilante estão contidos na presença vigilante da percepção e na presença vigilante do darmata. A presença vigilante da percepção consiste em observar a mente com concentração durante a meditação. Esse tipo de percepção não é como a percepção comum, que se concentra em objetos externos e se fixa a eles; pelo contrário, ela se concentra no sujeito por meio dos sentidos ou das circunstâncias. A concentração ou a percepção com presença vigilante tem o benefício temporário de manter uma mente calma e estável, que não é facilmente ludibriada pelos objetos a agir. Dependemos da presença vigilante da percepção até obtermos a presença vigilante do darmata. Darmata é o caráter natural e essencial dos fenômenos, a fonte da pureza nos elementos, a natureza intrínseca incondicionada da mente. A presença vigilante do darmata é sem esforço e não depende de concentração, porque é totalmente natural. O benefício último da presença vigilante é a união dos elementos impuros e condicionados de nossa mente à presença vigilante incondicionada do darmata, que é inseparável da essência secreta natural da mente. Assim, até que tenhamos a confiança da presença vigilante do darmata, precisamos sempre confiar na presença vigilante da percepção.

A presença vigilante é mais importante na prática, claro, mas também é necessária em questões mundanas. Sem presença vigilante nada é realizado; chegamos atrasados, esquecemos o sentido das palavras, calculamos tudo errado e sempre erramos o alvo.

Certa vez foi arranjada uma luta entre um lutador profissional gigante e poderoso e um ginasta peso-leve. Na noite anterior à luta, o ginasta estava ansioso e não conseguia dormir, preocupado com o tamanho do lutador. Quando sua esposa perguntou qual era o motivo da ansiedade, ele falou sobre a força do oponente e disse "Amanhã é certo que vou perder". A esposa o confortou e disse "Não se preocupe. Amanhã eu vou cantar uma canção a partir da plateia. Não se distraia com minha voz. Concentre-se na luta, e quando você me ouvir cantar, agarre os testículos do gigante e os esprema o mais forte que conseguir, até ele cair."

No dia seguinte, quando eles estavam lutando e o gigante estava vencendo, a esposa começou a cantar "Gigante, você é tão esplêndido e poderoso, mas uma de suas joias preciosas está prestes a cair de sua testa". O gigante imediatamente segurou a testa, e ficou com só uma mão livre para lutar. Nesse momento, o ágil ginasta se concentrou como sua esposa havia instruído e, espremendo com toda força, fez o gigante cair.

Em seu último suspiro, prestes a morrer, o gigante respondeu à canção da esposa, dizendo "O mais poderoso gigante perdeu a presença vigilante e foi morto por um oponente peso-leve que manteve presença vigilante. Hoje minha vida acabou porque descuidado me agarrei a uma enganadora joia fantasiosa que esqueci ter tido desde sempre, e assim perdi a joia de minha presença vigilante. Não há joia mais preciosa que a joia preciosa suprema da presença vigilante." E então ele morreu.

De acordo com vários textos, para as várias faculdades há muitos métodos para liberar os conceitos por meio da presença vigilante. Geralmente os meditadores observam os conceitos, examinam de onde eles vêm, para onde eles vão e onde permanecem. Isso é bom para um meditador iniciante, mas não é bom estar sempre examinando. Porque a mente é desobstruída, as concepções surgem continuamente. Ao constantemente examiná-las, nunca relaxamos e só criamos mais conceitos. Depois de dissolver os conceitos por meio de seu exame, eles surgem novamente, tornando exaustivo o processo de examinar. Entre a concepção-antídoto de examinar e o objeto da concepção-antídoto, a mente nunca é calma, mesmo que a postura física pareça repousada.

Se a mente comum nunca é calma, não reconhecemos nossa verdadeira mente natural. Algumas mentes têm mais atividade sutil do que as outras, ainda que na superfície pareçam calmas. Para acalmar essa atividade sutil, o mais importante quando se medita é tentar relaxar a mente. Mas quando o meditador iniciante tenta relaxar, parecem surgir mais conceitos do que o normal. Esperamos que nossa mente se torne mais pacífica e, então, quando essas muitas concepções surgem, acabamos desencorajados com relação à meditação.

Esse tipo de meditador iniciante se desencoraja por ganância habitual por substância ou ignorância quanto ao sistema cármico. A ganância vem de se estar sempre envolvido com a substância elementar grosseira tangível, assim, quando meditamos, adotamos o mesmo hábito de querer tocar e usar facilmente os conceitos. Nossos cálculos estão baseados em hábitos de máquina. Isso é particularmente verdadeiro em um país materialmente poderoso que é rico em substância e tecnologia, no qual as pessoas desde a infância têm uma vida fácil. Para aqueles entre nós que cresceram com esse hábito de máquina, é difícil acalmar a mente imediatamente. Porque buscamos entender os elementos leves insubstanciais com concepções substanciais, não somos capazes de libertar esses conceitos, e logo abandonamos a meditação. O sistema cármico explica que, ao longo de incontáveis vidas no samsara, criamos incontáveis hábitos e conceitos que obscurecem nossa Mente de Sabedoria secreta natural. Assim, nesta vida, mesmo que tentemos meditar, as concepções incontáveis de nossas incontáveis vidas anteriores surgem e perturbam a meditação. Então ficamos muito desencorajados, porque não dissipamos as concepções de incontáveis vidas passadas num único momento.

Precisamos meditar continuamente e sem impaciência ou teimosia estúpida, com a orientação de um professor de sabedoria ou um amigo espiritual compassivo que tenha um poder de sabedoria natural e experiência com relação a qualidades espirituais sublimes. Precisamos meditar com meios hábeis, sem esperar liberar nossas concepções imediatamente ou atingir a iluminação imediatamente. Também não é necessário ter a esperança de que, um dia no futuro distante, venhamos a atingir a iluminação por meio da paciência ou inteligência em nossa meditação. Não devemos calcular o tempo futuro ou imediato em nossa meditação. Essa expectativa apenas nos deixa histéricos. Se esperamos pela iluminação aqui e agora, a iluminação só fica cada vez mais longínqua. Se assumimos que esteja longínqua, novamente criamos concepções distantes, e assim a iluminação vai para ainda mais longe. Esses cálculos criam distância, tempo e limitações.

Se realmente queremos ser meditadores sublimes, não devemos estipular um tempo para nossa meditação, como se faz no estilo do meditador moderno. Não devemos contar as horas e minutos – o tempo limitado faz de nossa meditação algo limitado. Nossa ordenadora e limitada mente de elementos grosseiros e sutis não pode se soltar na essência secreta sublime e ilimitada dos elementos, se estamos atados por um tempo exato. Se nossa mente está atada por qualquer coisa, ela nunca é vasta. Se estamos presos e limitados por tempo, lugar e direção, como ter confiança na Mente de Sabedoria? Como entender as faculdades das outras pessoas e beneficiar outros seres? Como ajudar a mente limitada com a mente de meditação limitada?

Um rio que flui incessantemente nunca diminui, não importa quanta água esteja sendo usada, porque ele sempre é reposto por sua fonte profunda. Mesmo que pareça igual a um rio natural infindável, um rio que flui de um reservatório artificial não tem uma fonte profunda e em algum momento ele se esgota. Se dependemos dos elementos sutis e grosseiros sem reconhecer sua essência secreta, nossa energia é superficial e rapidamente esgotável, exatamente como a de um reservatório artificial. Mesmo que possamos pensar estar ajudando os outros com nossa inteligência de elementos grosseiros, se não temos a confiança da sabedoria, nossa ajuda é apenas superficial e temporária. Se confiamos na essência secreta de nossos elementos, nossa energia flui infindavelmente, exatamente como o rio inesgotável.

A meditação é necessária para abrir canais e veias para a circulação do ar. A mente depende disso. Se um meditador iniciante tem uma postura equilibrada, então seus canais e nervos são regulares e abertos, a circulação de ar é desobstruída, e a mente se torna equilibrada. Se queremos uma postura que faça sentido, precisamos nos concentrar não apenas na postura do corpo, mas também na postura da mente. A mente é uma só. Quando meditamos, precisamos evitar nos concentrar num objeto ou buscar por um sujeito. Precisamos evitar o hábito moderno da mente no cérebro, e precisamos evitar o hábito antigo da mente no coração. Precisamos apenas relaxar e nos separar dos cinco skandhas, permanecendo em uma mente não dualista.

A característica essencial da meditação é que ela é livre das características essenciais de cada um dos cinco skandhas. Destrutibilidade ou receptividade é a característica essencial do skandha da forma, cujo elemento evidente grosseiro é a terra. Acumular, experimentar ou o movimento do desejo são as características essenciais do skandha da sensação, cujo elemento evidente grosseiro é a água. Amadurecer, entender ou buscar um objeto são as características essenciais do skandha da percepção, cujo elemento evidente grosseiro é o fogo. Aumentar as ações ou acumular tendências são as características essenciais do skandha da intenção, cujo elemento evidente grosseiro é o ar. Percepção e criação de objetos são as características essenciais do skandha da consciência, cujo elemento evidente externo é o espaço.

De acordo com o sistema mahayana, e especialmente com a meditação madhyamika, os praticantes tentam principalmente meditar na vacuidade, que é livre de toda atividade mental. Toda atividade mental pode ser contida nos cinco skandhas. Quando estamos livres dos cinco skandhas, reconhecemos nossa Mente de Céu de Espaço Límpido.

Desde o princípio, a mente de grande vacuidade básica é inerente à vacuidade limitada do caminho do praticante. Se nessa vida meditamos na grande vacuidade, gradualmente, tanto nosso fenômeno do estado de vigília quanto nosso fenômeno do sonho desaparecem e se tornam a mesma coisa, assim não há mais um "entre". Então, na morte, quando nos separamos de nosso corpo cármico, não há mais concepção de fenômenos de uma próxima vida, só espaço límpido de sabedoria. Da mesma forma, o espaço dentro de um pote não é diferente do espaço fora de um pote. Quando quebramos o pote, o espaço do pote não se perde, porque o espaço do pote é o mesmo que todo o espaço. São apenas os elementos substanciais do pote que lhe dão aparência de diferente. Se temos confiança, não há mais vacuidade do caminho, mas apenas seu resultado, que é a imaculada grande vacuidade, inseparável da vacuidade base.

De acordo com o sistema tântrico geral, os praticantes tentam principalmente meditar em luminosidade. Dependendo da deidade de sua sadhana ou prática, eles tentam, por meio da visualização, transformar os cinco skandhas grosseiros nos cinco skandhas puros de sabedoria, as cinco famílias de budas ou deidades. A essência da luminosidade é o espaço límpido, então a deidade e sua consorte de espaço límpido são sempre inseparáveis.

Desde o princípio, a mente de luminosidade ilimitada básica é inerente à luminosidade limitada do caminho do praticante. Se nesta vida nossa prática de meditação é forte e contínua, então a luminosidade de nossos fenômenos de sonho e a luminosidade de nossos fenômenos do estado de vigília são contínuos da mesma forma que o sol se põe enquanto a lua nasce. Quando nos separamos de nosso corpo cármico atual, nossa luminosidade do caminho será como um filho reconhecendo a mãe de luminosidade ilimitada básica e se unindo a ela. Se temos confiança no momento da morte, o hábito do tempo já se foi, o hábito do lugar já se foi, o hábito da divisão já se foi, e o hábito de caminho já se foi. Então não há mais luminosidade do caminho, só o seu resultado, a luminosidade do espaço límpido, desobstruída, inseparável da luminosidade base.

De acordo com o sistema da grande perfeição, desde o princípio sem princípio nossa mente é pura, livre e luminosa, então não há divisão entre os elementos grosseiros dos cinco skandhas e os elementos sutis dos cinco skandhas. O praticante deve apenas repousar na pureza profunda, fresca, autossecreta e ubíqua, além das palavras e conceitos obscuros, a Mente de Sabedoria, que é o imaculado espaço de luminosidade límpida.

Geralmente, quando temos a experiência do espaço límpido em nossa meditação, cada vez mais nos agarramos a ele. E então o espaço límpido desaparece. Se vemos o espaço límpido além do torpor quando meditamos, não devemos nos fixar nessa clareza, pensando que nossa meditação é muito boa. Devemos apenas relaxar e repousar nessa mente de espaço límpido, e assim, na próxima vez em que meditarmos, nos uniremos facilmente com a clareza. Se interrompemos nossa meditação em meio a pensamentos turbulentos de fixação, então, quando começamos de novo, novamente nos reconectamos com a fixação e a turbulência, dessa forma não podemos relaxar. A prática mais importante é relaxar na meditação sem se fixar. Se conceitos de elementos grosseiros surgirem, precisamos evitar perseguir esses conceitos com a finalidade de examiná-los.

Thinley Norbu

Se somos meditadores experientes, quando a mente que lembra reconhece concepções de elementos grosseiros, precisamos apenas permanecer na presença vigilante. De acordo com um texto mahasandhi, se perseguimos essas concepções, mais concepções surgem, o que só produz mais confusão e problemas, e então acabamos como o cachorro estúpido que vai atrás de cada pedra atirada, ao invés de focar naquele que as está atirando. Se apenas permanecemos em presença vigilante, somos como o leão que mata aquele que está atirando as pedras, ao invés de ir atrás delas.

Na medida em que nos tornamos meditadores mais experientes, somos capazes de reconhecer nossos conceitos assim que eles surgem, da mesma forma que reconhecemos um conhecido na rua sem precisarmos ser apresentados. Por meio desse reconhecimento, somos capazes de liberar os conceitos na clareza. Se meditamos de forma contínua, nossa mente de lembrança se torna mais poderosa do que a mente de um meditador principiante e não precisa permanecer na dependência de nenhum método ou antídoto especiais para liberar nossos conceitos. É como uma cobra cujos nós se desfazem sozinhos ou como escrever na água com o dedo. No mesmo momento em que se escreve, a escrita se dissolve.

Se, devido à nossa experiência, somos capazes de meditar de forma contínua, todos os nossos conceitos surgem apenas como uma exibição. Não temos conceito do que surge como sendo ou não um conceito. Não temos medo de perder qualquer coisa. Tudo é meditação sem intenção. Quaisquer conceitos que surjam, não há mais conceito de aceitação ou rejeição. Não há mais expectativa de benefício. É como um ladrão que entra numa casa vazia.

Toda meditação budista está incluída em duas categorias: meditação shamata e meditação vipassana. De acordo com o sistema hinayana, primeiro, por meio do cansaço com relação ao samsara, a mente do meditador se torna muito pacífica. Isso é meditação shamata, quando a mente não é nunca demovida pelas paixões, como um oceano sem as ondas tempestuosas. A partir dessa mente calma, os meditadores gradualmente reconhecem sua natureza desprovida de ego, o que é a meditação vipassana, a fim de atingir o estado de arhat, aniquilando as paixões inimigas.

De acordo com o sistema mahayana, quando os meditadores realizam a insubstancialidade de todos os fenômenos, que é sua Mente de Sabedoria desprovida de ego, automaticamente suas mentes se tornam calmas e pacíficas; isso é meditação shamata. Quando eles realizam que sua mente está além dos dois extremos de existência e não existência, que é a meditação vipassana, eles atingem o estado de iluminação da Budeidade.

De acordo com o sistema vajrayana externo, quando os meditadores que realizam o samadi têm uma fé unifocada com relação ao objeto da deidade, sua mente se torna muito pacífica e calma e não penetrável pelas paixões comuns. Isso é meditação shamata. Gradualmente, por meio desse samadi, seu corpo, fala e mente comuns se transformam no Corpo, Fala e Mente de Sabedoria da deidade, que é a meditação vipassana.

De acordo com o sistema geral interno do sistema vajrayana, no samsara todos os incontáveis fenômenos existentes estão contidos nos cinco skandhas, e todos os budas incontáveis estão contidos nas cinco famílias de budas. As paixões do samsara não são capazes de penetrar a mente do praticante quando, por meio da visualização, os cinco skandhas se transformam nas cinco famílias de budas, que são a essência leve, pura e secreta dos fenômenos visíveis, inseparável das qualidades invisíveis das cinco consortes de sabedoria da grande vacuidade. Isso é meditação shamata. Gradualmente, quando não há mais diferenciação entre o fenômeno impuro do samsara e o fenômeno puro do nirvana, isso se torna meditação vipassana, que é a roda sem direção do fenômeno da Deidade de Sabedoria.

De acordo com o sistema mahayana, repousar na grande vacuidade imaculada é chamado de nyamshag, "permanecer na meditação da equanimidade". Quando permanecemos em equanimidade, não devemos desejar acumular o mérito de nenhuma forma externa, porque a equanimidade é a mais grandiosa acumulação. Como Milarepa disse: "Quando você está em meditação mahamudra, se está preocupado em acumular os méritos de corpo e fala, sua Mente de Sabedoria pode desaparecer." Quando a mente sai dessa grande equanimidade imaculada e repousa no seu resplendor onde tudo que surge aparece como uma expressão ilusória, isso é chamado de jethob, "após a experiência da meditação em equanimidade".

O poder puro dos ilusórios fenômenos de elementos vem do espaço de vacuidade imaculado. Essa energia do espaço do céu permeia a energia dos elementos grosseiros dos fenômenos, e assim tudo parece sutil, leve e ilusório. O benefício de jethob é que aquele que vê todos os fenômenos como uma exibição não se fixa a ou rejeita objetos ilusórios e, dessa forma, acumula mérito. Como Tilopa disse a Naropa: "Até que percebamos que todos os fenômenos são não nascidos, precisamos continuamente girar a roda das acumulações de mérito e sabedoria."

Para muitos praticantes inexperientes, nyamshag significa repousar numa postura sentada e jethob significa sair dessa postura sentada. Aquele que permanece na mente de equanimidade com a presença vigilante do darmata está praticando meditação nyamshag ainda que seu corpo se mova e sua fala ressoe. Aquele que deixa a equanimidade em direção ao resplendor dessa experiência com a presença vigilante da percepção está praticando meditação jethob, mesmo que seu corpo esteja imóvel e sua fala, em silêncio.

De acordo com o sistema vajrayana interno, repousar na grande vacuidade imaculada também é chamado de nyamshag. Quando a mente sai dessa grande equanimidade imaculada e repousa em seu resplendor, onde tudo que surge aparece como a deidade, quando toda forma aparece como o corpo da deidade, todo som como o mantra ou voz da deidade, e todo pensamento como a Mente de Sabedoria imaculada da deidade, isso é chamado de jethob.

O poder puro do fenômeno da Deidade de Sabedoria vem da luminosidade desobstruída da sabedoria imaculada. Essa energia luminosa, que é a essência da deidade, permeia a energia sutil comum e a energia ilusória dos elementos, e assim eles aparecem como fenômeno da Deidade de Sabedoria. O benefício é que todos os fenômenos impuros, incluindo os fenômenos ilusórios comuns, são purificados no fenômeno da deidade sem fixação ou rejeição.

Se praticamos continuamente, à medida que a distinção entre a mente do céu da equanimidade imaculada e o fenômeno da deidade diminui e esses se tornam cada vez mais inseparáveis, nos aproximamos da iluminação em que não há nyamshag e não há jethob, não há dentro, nem fora, apenas a esfera incomensurável da mandala única. Se diferenciamos entre a meditação shamata e vipassana ou entre nyamshag e jethob, há um caminho e vários estágios de acordo com as diversas faculdades. Mas aquele que seriamente quer atingir a iluminação sem concepções elaboradas não precisa se preocupar em passar por vários estágios, como quem sobe uma escada. As categorias elaboradas vêm da diferenciação entre verdade relativa e verdade absoluta. Para o praticante que pode meditar naturalmente, não há diferença entre o percebedor, o percebido e a percepção, entre a meditação sentada e a meditação do movimento, ou entre verdade relativa e verdade absoluta. Para o praticante que pode meditar naturalmente, não há "entre" isso e aquilo. Buda Shakyamuni disse "A verdade verdadeira é não nascida, mas crianças se fixam com vozes fatigadas às Quatro Verdades. Para aqueles que entram na essência do nirvana, não há nem mesmo o nome de uma única verdade. Então onde estariam as Quatro Verdades? Em lugar algum."

De acordo com o ponto de vista da sessão da mente da grande perfeição, desde o princípio, sem discriminar entre meditação shamata e vipassana ou entre nyamshag e jethob, estabelecemos os quatro grandes samayas, que são:

Samaya não existente: não encontramos as qualidades negativas do samsara ou as qualidades positivas do nirvana em lugar algum porque, desde o princípio, a mente não existe substancialmente; ela nunca existiu, não existe agora e nunca existirá no futuro. Ainda que nuvens brancas ou negras surjam, elas não existem, porque o espaço é sempre inerentemente vazio.

Samaya único: nossa mente, que é sempre uma só, é a fonte única de quaisquer fenômenos impuros do samsara que apareçam, bem como de quaisquer fenômenos puros do nirvana que apareçam. Incontáveis estrelas, planetas, luas e sois são refletidos em um único grande oceano.

Samaya livre: os fenômenos do samsara não são capazes de contaminar e os fenômenos do nirvana não são capazes de beneficiar, porque a mente é livre de todos os extremos e limites. No céu não há direções ou lados.

Samaya espontâneo: as incontáveis qualidades desejáveis do samsara e as incomensuráveis qualidades livres de desejo do nirvana sempre surgem desobstruidamente. Essa é a essência e a exibição da dança mágica da Deidade de Sabedoria natural. Comparada com incontáveis joias preciosas comuns, a mente se mostra inestimável, porque todos os fenômenos aumentam espontaneamente a partir da mente.

Aquele que é capaz de praticar esses quatro excelentes samayas já é iluminado, mesmo que seu corpo, que é o resultado de seu carma anteriormente amadurecido, pareça ter uma forma comum. Ao fim de sua vida, muitos praticantes comuns têm a esperança de ter uma morte auspiciosa, cercados de família e alunos chorando, rezando e cultuando num estilo sagrado. Mas quando os praticantes sublimes morrem, eles não se importam se o corpo é colocado num trono dourado, adornado com uma coroa de joias e louvado e cultuado ou se é jogado no lodo de um cemitério em ruínas e insultado.

Como Longchenpa, "Professor Onisciente da Sabedoria da Grande Vastidão do Espaço", disse: "Quando o verdadeiro praticante morre, ele é como um mendigo na rua, sem esperança e sem ninguém que cuide dele, como uma criança desprovida de qualquer conceito sobre nascimento e morte."

Como Longchenpa ensinou, aquele que pratica e de forma contínua e pura por meio da realização do ponto de vista da grande perfeição é "outra vez iluminado" na "iluminação sem outra vez". O praticante que permanece confiante num único espaço profundo em vasta equanimidade além de concepções de realização e não realização, além de concepções de liberação e não liberação, pode ter a forma desta vida, mas ela é temporária como a casca do ovo de um garuda. Os filhotes de garuda já têm a confiança e a capacidade de voar dentro do ovo, assim quando o ovo se quebra, eles imediatamente voam pelo céu. Se realizamos o ponto de vista da grande perfeição nesta vida, compreenderemos que desde o princípio o garuda da perfeição do autorreconhecimento está presente em nosso corpo cármico. Então, quando deixamos nosso corpo cármico, nosso garuda interior de sabedoria voa no céu do Darmakaya.

Posfácio

Quando ouvimos dos professores ou lemos em textos que a Mente de Sabedoria é sem início, pensamos que isso significa algum momento antes do início, muito longe deste momento presente. Precisamos reconhecer que, se desde o início nossa Mente de Sabedoria é sem início, ela então não tem início, ou fim, e também não tem "entre" e, assim, é contínua e sempre presente. Essa concepção original básica sem início está ligada à nossa concepção sem início como caminho. Se, por meio do caminho sem início da prática, reconhecemos a base sem início, então não haverá mais tempo, só um agora inicial sem início em nossa mente.

Este livro vem do início sem início. Porque não existe início, não existe fim. Este livro agora finda no espaço de sabedoria infindável no qual todos os elementos se tornam uma única essência pura, secreta e sem fim.

Sobre o autor

Thinley Norbu Rinpoche (1931-2011) foi um eminente professor na tradição nyingma. Ele é o filho mais velho de Dudjom Rinpoche, é um dos principais detentores de sua linhagem, e pai de Dzongsar Khyentse Rinpoche e Garab Rinpoche. Seus ensinamentos adaptam fluida e elegantemente a intenção mais íntima da mente do Buda à atualidade, sempre tratando de coisas extremamente profundas e sutis com desprendimento e bom humor.

eureciclo
.com.br

O selo eureciclo faz a compensação ambiental das embalagens usadas pela Editora Lúcida Letra.

Que muitos seres sejam beneficiados.

Para maiores informações sobre lançamentos da Lúcida Letra, cadastre-se em www.lucidaletra.com.br

Este livro foi impresso em agosto de 2020, na gráfica da Editora Vozes, em papel Avena 80g, utilizando as fontes Sabon, Adelle PE e Cinque Donne.